歴史文化ライブラリー
517

神々と人間のエジプト神話
魔法・冒険・復讐の物語

大城道則

吉川弘文館

目　次

役人たちの旅と逃亡の物語

農耕民の愛と知恵の物語

神々と人間の物語——プロローグ

1　神々と人間の物語

古代エジプト神話へのいざない

これから古代エジプト神話の世界へと足を踏み入れる皆さんのために簡単な予備知識を授けたいと思う。「ピラミッド」や「ミイラ」、あるいは「ツタンカーメン」や「クレオパトラ」という誰もが知る古代エジプト文明のキーワードがどの時代のものであり、どこに存在するものであり、そもそも誰であり、そしてどういう意味を持っていたのかをまずは簡単にみていこう。そのことが古代世界最高の文学作品を生み出した古代エジプト人たちの豊かな思考と発想を理解する最初のステップとなるからだ。

そして、それら古代エジプトの文学作品と向かい合う前にまず、これまでに多くの研究者が熱意を持ってそれらを研究・紹介し、優れた成果を残してきたことにふれておかねばならない。すべてをあげることは難しいが、日本でも手に入れやすい文献を以下に紹介しておく。W. K. Simpson (ed.), *The Literature of Ancient Egypt: An Anthology of Stories, Instructions, Stelae, Autobiographies, and Poetry*、M. Lichtheim, *Ancient Egyptian Literature Vol.I The Old and Middle Kingdoms*、矢島文夫編『古代エジプトの物語』、ジョージ・ハート著、阿野令子訳『エジプトの神話』、バジル・デビッドソン著、貫名美隆訳『アフリカの過去』、歴史学研究会編『世界史史料一―古代オリエントと地中海世界―』、立石久雄『シュメールと古代エジプトの文学』、矢島文夫『エジプトの神話』、加藤一朗『古代エジプト王国―偉大な王たちの神秘の世界―』、ジョナサン・ディー著、山本史郎、山本泰子訳『図説エジプト神話物語』、ジョイス・ティルズリィ著、杉亜希子訳『古代エジプトのおはなし』、杉勇・屋形禎亮訳『エジプト神話集成』などである。本書も各作品を紹介する際に右記を中心とした先学の研究成果を大いに参照しつつ、必要に応じて原典にあたっている。なかでも最後にあげた杉・屋形両氏による『エジプト神話集成』は、日本人によって日本語で出版されたものとしては、現時点において最高の業績といえよう（二〇一六年に文庫化されている）。

本書は古代エジプトあるいは神話に興味をもつ一般読者を対象としており、厳密には研究書ではないことから、神話の内容に関しては意識的に可能な限りわかりやすい言葉を選択している。誰が読んでも内容が理解できることを目指したのである。難しい内容・用語・表現には文章の終わりに、長短織り交ぜて説明文と図版を追記しておいた。それでもなお古代に書かれた文書であることから、意味を完全に把握・理解することは困難であることを付け加えておく。読者の皆様には、その点も踏まえて内容を楽しんでいただければ幸いである。

古代エジプトの歴史

最初にエジプトを一つの国としてまとめあげたのは、ナルメルという名前の王であったと考えられている。ナマズを自らの名前に用いたこの偉大なる王の建てた王朝を第一王朝（紀元前三〇〇〇～二八九〇年頃）と呼ぶ。もちろん彼以前にも王に匹敵するような権力を持つ支配者はエジプトに何人もいたが、明確に「エジプト王」と認めうる最初の人物としてナルメルをあげる人は多い。その最大の理由は、ヒエラコンポリスの神殿跡から発見された「ナルメル王の奉献用パレット」（図1）にある。

図1　ナルメル王の奉献用パレット
（Wengrow 2006）

そこに古代エジプト王国成立の過程が図像として描かれているとみなすのだ（大城二〇〇九）。文字体系がいまだ確立していない時期であったがゆえに正確な意味を把握することは困難であるが、そこには後の古代エジプト王権に関わる重要な要素（王冠・ホルス神・棍棒・ロゼット紋様・雄牛など）、あるいはヒエログリフの原型がみられる（大城二〇〇三）。多様な図像と文字の存在は、このパレットの持ち主、あるいは製作者が見る者に、あるいは目に見えざる聖なる存在に何かを伝えようとしたのだと考えることが自然であり、その何かとは南と北の二国に分かれていた上エジプト王国と下エジプト王国とを統一することに成功したという「歴史的事実」の記録であるというのだ。

「図像に意味を語らせる」という手法は、ナルメル王の登場を待たずとも世界各地に古来点在する原始壁画のなかにおいてすでに現れている（大城二〇〇七・二〇〇八・二〇一三a）。古代エジプトもその例に漏れない文明であったのだ。しかし、古代エジプトは人類が育んできた長い伝統を有する「意味持つ図像」をもう一段階上の「文字」へと昇華させることに早々と成功した。このことこそが、現在、我々が古代エジプトの歴史をよく知る最大の理由だ。文字の持つ情報が他の古代文明と比べて格段に多いのである。例えば先述した誰もが知る古代エジプト文明のキーワードである「ピラミッド」に関しては今さらいうに及ばず、「ミイラ」「ツタンカーメン」「クレオパトラ」も同様だ。誰もが知っているし、たいていメディアを通じて実物をみた経験があるのだ。

しかしながら、さらに詳細な情報を知る方々も多い。最初のピラミッドは四角錐ではなく階段状であったとか、クフ王の先王であったスネフェル王は一〇〇メートル級のピラミッドを三基建造したとか、ミイラは内臓が取り除かれカノポス容器と呼ばれた壺や箱にそれらを入れて埋葬されたとか（大城二〇一五c、小林二〇一七）、最古の人工ミイラはナカダⅡ期（紀元前三五〇〇～三二〇〇年頃）に年代づけられているヒエラコンポリス遺跡のＨＫ四三号墓において確認されているとか（Stevenson 2016）、ツタンカーメンは歩行困難なほど足が悪かったとか、彼は本来の名前を改名したことがあるとか、古代ローマ帝国と戦ったクレオパトラはエジプト人ではなかったとかである。

編年的な説明を簡単に付け加えておくと次のような流れとなる（Shaw (ed.), 2000）。最初の王朝が出現する前段階である長い先王朝時代（紀元前五三〇〇～三〇〇〇年頃）、エジプトに最初の王権が誕生した初期王朝時代（紀元前三〇〇〇～二六八六年頃）、巨大なピラミッドが多く建造された古王国時代（紀元前二六八六～二一六〇年頃）、中央集権体制の崩壊後の混乱期とされる第一中間期（紀元前二一六〇～二〇五五年頃）、国土の再統一が達成されピラミッドも再び建造された中王国時代（紀元前二〇五五～一六五〇年頃）、異民族ヒクソスによる支配を経験した第二中間期（紀元前一六五〇～一五五〇年頃）、国内で巨大な神殿と葬祭殿が建造され、対外活動も盛んであった新王国時代（紀元前一五五〇～一〇六九年頃）、ナイルデルタ地域を中心にリビア人など複数の異民族に支配された第三中間期（紀元前一〇六九～六六四年頃）、エジプト文化のリバイバルとペルシア人およびアレクサンドロス大王の侵入を許した末期王朝時代（紀元前六六四～三三二年頃）、アレクサンドリアを中心に地中海世界の歴史のなかに組み込まれていくプトレマイオス王朝時代（紀元前三三二～三〇年頃）、そしてローマの属州となるローマ支配期（紀元前三〇～紀元後三九五年頃）である。その後も長いビザンツ帝国とイスラーム諸王朝による影響下でエジプトの歴史は刻み続けられる。変わらないのは悠久のナイル河の流れのみであった。

古代エジプトの地理

そのナイル河を中心とした古代エジプトの地理環境をあらわす際に使用される有名な言葉として、「エジプトはナイルの賜物」というのがある。これは紀元前五世紀のギリシア人叙述家ヘロドトスがヘカタイオスの言葉を借りて記したものであるが、エジプト全土を指す言葉ではない。地中海世界に面する豊かなナイルデルタ地域のみを指すものであった。彼ら古代ギリシア人たちが訪れ始めた時期のエジプトとは、伝統的に上下二国に分かれていたエジプトの北側の部分を主に意味していたのである。この時期、ギリシア人居住区として存在したナウクラティスやギリシア文化の窓口であったアレクサンドリアこそが、実質的な「エジプト」であったのである。

新王国時代第一九王朝のラメセス二世（紀元前一二七九〜一二一三年頃）がデルタ地域に都ペル・ラメセスを建設し、王宮と行政の中心を移行した頃から、下エジプトの重要性は増し、第三中間期（紀元前一〇六九〜六六四年頃）以降になると古代エジプト史は、まさに下エジプトを中心に展開されることになるのだ。リビア人・ヌビア人・アッシリア人・ペルシア人・ギリシア人、そしてローマ人がエジプトを支配するという混沌の時期を迎えるのである。そのことはまた世界中の支配者たちが下エジプトを欲したのだということでもある。絶え間ないナイル河の恵みを受けた小麦の大生産地であり、地中海世界のみならず、陸続きの東方世界との交易の拠点であったこの地域を抑えることは、周辺地域の支配者たちの命運を大きく左右した。

一方の上エジプトは、デルタ地域ほどではないがナイル河沿いに耕作地が広がっていた。横に扇型に大きく広がるデルタ地域とは異なり、縦に長く伸びるナイル河谷を特徴とした上エジプトは、古来共同体がまとまりやすいという特徴を備えていた。それゆえに上エジプトで小都市同士がパワーゲームを繰り返しながら一つの集団＝上エジプト王国を形成し、それがナイルデルタ＝下エジプト王国を征服するということが何度も繰り返されてきたのである。これら上下エジプトの持つ地理的な特徴の相違が「エジプト」という広大な空間を一つにまとめる大きな要素となったのは間違いないところであろう。そしてその一体化こそがさらにエジプトを強力な国家としたのである。アフリカ奥地へと続く縦に長いナイル河をコントロールすることは、地中海世界とその後背地であるアフリカの富をも搾取するチャンスを手中にすることを意味したからである。「エジプトはナイルの賜物」という言葉は、今やヘカタイオスとヘロドトスを超えて、世界最大の距離をほこるナイル河そのものを指すと考えてもよいであろう。

古代エジプトの文化

そのナイル世界で生まれ育った古代エジプト文化もまた極めて特徴的だ。現代人である我々が一目見て、「これは古代エジプト的だ」と認識可能なほど、古代エジプト文化は広く知られているものばかりであるからだ。なかでもレリーフや壁画など視覚に訴える例が顕著である。エジプト各地に残る神殿には、壁にも柱にもレリーフが所狭しと配置され（図2）、ルクソールのナイル河西岸地域では王家の谷にも、王妃の谷にも、貴族の谷にも、職人たちの村であるデイル・エル＝メディーナにおいてでさえも墓の内部に美しい壁画が描かれたのだ。それらの多くは死後の来世をイメージしたものであった。王は神々と向かい合い、王妃はセネト（チェスのようなボードゲーム）を楽しみ、貴族や地方の領主たちは沼地で狩猟をし（図3）、職人たちは農耕に勤しむのだ。象形文字であるヒエログリフや挿絵が豊富な宗教文書もまた同様である。すべては古代エジプト人が生み出した文化要素であったのである。そしてそれらは文明が終焉を迎えた後も忘れさられることなく、各世代の人々の注目を浴び続けた。たとえその本来の意味を喪失してしまったとしても、消え去ることはなかったのである。

特に日本人は世界的に古代エジプト好きで知られており、半世紀も前からマンガやアニメが古代エジプトを舞台に描かれ、現在でも古代エジプトの神々をモチーフとしたグッズが巷に氾濫している。博物館・美術館において古代エジプト展が開催されれば目を疑うほどの長蛇の列ができる。地理的にも時間的にもまったく接点を持たない我々日本人が古代エジプト文化に魅了されているのだ。

図２　エドフのホルス神殿のレリーフ

見た目のインパクトはもちろんのことであるが、最大の要因の一つは、それら古代エジプト文化のなかでも最も顕著な特徴である死生観にあると考えている。多種多様な神々とあの世の存在を信じる宗教観を巻き込んだ古代エジプトの死生観の持つ特異性こそが、日本人の伝統的死生観と相通じるものがあるからである。

図３　アスワンの貴族の墓のレリーフ

神々と人間

オシリス・イシス・ホルス・ハトホル・アヌビス、そして太陽神ラーなど、誰もが一度はその名前を耳にしたことのある神々が登場する、古代エジプトで語り継がれてきた数々のストーリーは、多かれ少なかれ神話的要素を兼ね備えている。しかし、そこには人間もメインキャラクターとして登場するのである。つまり、古代エジプトの神話は神々の活躍する物語であるだけではなく、その神々と絡む人間たちによる物語、あるいは神々と人間たちが織り成す物語でもあるのだ。それゆえ他の古代世界ほど明確に「神話」と「物語」との間に境界はない。古代エジプト神話は「物語的神話」なのである。例えばエジプトの東方に位置するシュメール神話をはじめとするメソポタミアで生まれた神話やエジプトからみて北方のギリシア神話では、神々と半神であるギルガメシュやアキレウスのような英雄がストーリーの主な登場人物であるが、古代エジプトでは、神々と王だけではなく普通の人間たちも同じステージに主人公や主要な登場人物として描かれるのだ。

この差は、古代エジプト社会がメソポタミアやギリシアと比べ日常的に神々と密接な関係を持つものであり、古代エジプト人たちにとって神々が極めて身近な存在であったからにほかならない。神殿に祀られる大神以外にも、小さな神々が社会のあちこちに氾濫していたのだ。古代エジプトでは、人々の生活に深く根差した各家庭の台所や寝室にも神々は宿ると考えられていたのである。そういう意味では、古来八百万神を奉じてきた我々日本人と古代エジプト人とは感覚・感性に相通ずるものがあるかもしれない。

さらに古代エジプトの神話は、その特異な宗教を人々に広めるための手段、あるいは補強する物語であっただけではなく、その時々の王権とも密接に結びついてきた。超自然的存在（スーパーナチュラル）は、魔術的要素とともに王権をサポートしてきたのである（同様の方法は現代においてもいくつかの独裁国家が用いている）。例えば新王国時代第一八王朝のハトシェプスト女王（紀元前一四七三〜一四五八年頃）は、自らの王位の正当性を示すために、自らが神の子であることを壁画のなかで主張したし、同じく第一八王朝のアメンホテプ（アメン神を満足させる者の意味）四世（紀元前一三五二〜一三三六年頃）は、唯一神アテンを崇めるために自らの名前をアクエンアテン（アテン神に有益なる者の意味）と改名したほどである。彼の息子であったツタンカーテン（トゥトアンクアテン、紀元前一三三六～一三二七年頃）もまた、アメン信仰とアメン神官団に迎合するため、アテン神を用いた自らの名前に代わりアメン神を採用した。彼はツタンカーメン（トゥトアンクアメン）と名前を変更したのである。

古代エジプト王権は常に神々とともにあった。それゆえに神々と王とをつなぐ物語＝神話が必要とされたのである。そしてそれらすべてを可能としたのは、古代エジプト文明の特徴でもあるヒエログリフをはじめとした文字の力であった。現実の出来事に準じる神々の世界の出来事として、人々がつくり出した神話＝「神々の物語」を、長きにわたり語り伝えるためには、語りの力のみならず文字が最も有効な手段であったのである。

口伝には限界がある。伝言ゲームはオリジナルの意味を最終的には破壊してしまう運命にあるからだ。また口承や口伝は予期せぬ出来事によって、強制的に断絶させられる場合がある。想像を絶する大規模な自然災害が一つの集団をその伝統とともに完全に葬り去ることもあったであろうし、あるいは我々はインカを代表とするアンデス文明の人々によって語り継がれてきた物語がフランシスコ・ピサロをはじめとしたスペイン人のコンキスタドールたちによって、その暴力とともに永遠に失われてしまったことを知っている。もしインカの人々が文字を持っていたならば、おそらく我々は彼らが残してくれた文化・文明同様に豊かな物語（精神世界・価値観・日々の生活・王権観・来世観など）を少なからず知ることができたはずである。しかしながら、残念なことにインカの人々は、キープ（結縄）以上の記録手段を生み出さなかったのである（大城編著二〇一八）。インカと古代エジプトとの差は、結局文字の有無に帰結する。

古代世界屈指の高い識字率をほこる古代エジプト社会は、文字を媒介として神話を人々に浸透させることに成功したのである。文字を操る書記になろうとする者たちは、それらの神話を教科書として使用したり、文言を書き写すことで文字の習得を目指したのである。さらに重要なことは、その識字率から漏れた人々に対しても図像や演劇を通して神話の内容が伝えられた点だ。日々視覚に入り込んでくる神殿の壁に描かれた神々の図像や彫像、そして祝祭の際に人々の面前で上演される神話に基づいた演劇は、宣伝効果として抜群の役割を果たしたのである。

永遠性（耐久性）の高い石材を原材料として使用して建造された神殿の周壁や巨大な彫像は、時を選ばず人々の眼に否応がなく飛び込んでくるものだ。そして神話のなかの主役たちは、人々の記憶のなかに刷り込まれていくのだ。もう一方の演劇は、それを観る観客に対する効果だけではなく、演じ手側にも影響を及ぼしたであろうことは想像に難くない。

神官たちが演じたのか、それとも代々それを請け負ってきた一子相伝的なプロフェッショナルな家系が存在したのかは明らかではないが、「伝統」というような観念がすでに古代エジプトにおいて誕生していたのかもしれない。

時の経過とともに、ナイル世界のなかで徐々に政治的意味合いをも帯びるようになった神話ではあったが、基本となる神々のストーリーに大きな変化はなかった。そのため長期間にわたり、人々の間で語り継がれたのである。王が王宮において王権に関わる儀礼を執り行うたびに、そして神官たちが神殿において祝祭を催すたびに、神話はある種の現実味を帯びていったのだ。古代エジプト人たちの生活は、常に神々とともにあったのである。そして、古代エジプトの神々が人々に忘れ去られた後も、彼らのストーリーやモチーフは『旧約聖書』のなかに、古代中世の説話のなかに、さらには現代のディズニーやハリウッド映画のストーリーのなかで生き続けているのである。具体的には以下のようなものがあげられよう。

①魔法使い／魔法の書が登場
②言葉を話す／理解する動物が登場
③仲違い（行き違い）をする兄弟姉妹が登場
④子宝に恵まれなかった夫妻に子どもが誕生

そこから我々はモーセやオイディプスだけではなく、『イソップ寓話』や『グリム童話』の登場人物たち、日本の昔話である桃太郎のお供たち（イヌ・キジ・サル）やおじいさんとおばあさん、クマのプー、パディントン、あるいはハリー・ポッターでさえも思い浮かべることができるのだ（大城二〇一三b）。そして同時にそれらが古代エジプトの物語を起源としていることを思い出すのである。魔法使いの登場する「ウエストカー・パピルスの物語」、魔法の書が登場する「セトナ・カエムアス一世とトト神の魔法の書」、言葉を話す動物が登場する「子羊の予言」、勘違いが悲劇生む「二人兄弟の物語」、「いばら姫」を連想させる子宝に恵まれなかった夫妻に子どもが誕生する「バフタンの王女」などは、人類が長きにわたりつないできた物語の基本要素なのである。

本書は古代エジプトの神話や物語を単純に羅列したものではない。また通常「神話」を書名に冠する書籍は、「創世神話」からはじめられることがしばしばであるが、本書は古代エジプト神話に登場する人間たちにも焦点を当てていることから、読者たちが興味を持っているであろう「魔法と魔法の書」や「不可思議」、あるいは「数奇な運命」をキーワードとしたストーリーを紹介・解説している。古代エジプト人たちの放つ言葉や行動は、時に軽率で現代の我々からみれば非道徳的でデリカシーに欠ける面もあるが、時には哲学的で示唆的でもある。もちろん部分的にそれらの文言のみを切り取ることはしない。個々のストーリーの内容は可能な限り紹介する。しかし、本書はそれ以上に「古代エジプトにおける神話とはいかなるのもであったのか」、「そこから垣間見える古代エジプト人たちの社会とはいかなるものであったのか」、「彼らは日々どのように思考し行動していたのか」、そして「それらは我々現代人に何を伝えてくれるのか」について考え、古代エジプト人たちが紡ぎ出した多彩なストーリーの持つ意味とそれらが後世に及ぼした影響に対する理解を目指すものである。そのことにより、我々現代世界に暮らす日本人による究極の異文化理解、つまり古代エジプト文化解釈に到達できるのだ。

神話とは文字通り神々の物語であるが、その物語を語り継いだのは人間であることを我々は十分に意識しておく必要があるであろう。本書で取り上げたいずれのストーリーも古代エジプト人たちが創造・想像した世界（大きな物語）の一環なのである。具体的な流れとして、本書では古代エジプトの神話とはいかなるものであったのかを三つのカテゴリーに分けて解説している。まずは、ナイル世界で展開されたエピソードを、「魔法」をキーワードとして王と王族の視点からのぞいてみた。次に、ナイル世界から離れた人々のエピソードを王の側にいた役人たち（商人を含む）の視点を通してみてみた。そして最後は、古代エジプトで大多数を占めていた農民（庶民）の視点から、当時の社会状況と社会問題を紹介した。

以上、異なる三つの社会階層に注目してみると、古代エジプト人たちがナイル河を中心とした社会のなかで、日々何を求めて、どのように思考していたのかを知ることができ、その特殊な空間のなかで三〇〇〇年もの長きにわたり展開された人々のダイナミズムを感じることができる。そこから我々は、現代文明の先駆者たる古代エジプト文明の持つ存在意義を理解するのだ。きっとそこには混迷を極める現代世界の様々な問題の解決に挑むためのヒントがあるに違いない。

魔法と魔法の書の物語

「セトナ・カエムアス一世とトト神の魔法の書」

――王子たちの数奇な運命

解説とあらすじ

プトレマイオス朝時代（おそらくプトレマイオス二世治世〈紀元前二八五～二四六年頃〉）に書かれたフィクションである。主人公であるセトナ・カエムアスの複雑な冒険譚を描いている。デモティック（民衆文字）で記されたオリジナルのパピルス文書は六枚あったが、はじめの二枚と三枚目の一部は失われてしまっている（文書の所有者であったコレクターのアンソニー・ハリスがメモをとっていたという話もあるが、いまだそのメモは発見されていない）。そのため他の文書の断片にみられる無傷部分の文脈を手がかりとして再構成されることもあるが、オリジナルを損ねることを避けるため、通常この話を紹介する場合は、三枚目の残っている箇所から翻訳が開始されることが多い。本書もそれにならう。

表１　「セトナ・カエムアス１世とトト神の魔法の書」登場人物・神々

ネネフェルカプタハ	メルネブプタハ王の王子
イフウェレト	ネネフェルカプタハの妻であり妹，別名アフレ
メルネブプタハ(ファラオ)	ネネフェルカプタハとイフウェレトの父
メルイブ	ネネフェルカプタハの息子，別名メルアブ
老神官	「トト神の魔法の書」のありかをネネフェルカプタハに教える人物
セトナ・カエムアス	ウセルマラ王の王子，ラメセス２世の王子カエムワセトをモデルにしたと考えられている
アンヘルルウ	セトナ・カエムアスの弟，別名イナロス
プタハ神	都メンフィスの守護神で職人と創造の神
トト神	知恵・英知の神
ラー神	太陽神，古代エジプトの最高神
ネイト女神	デルタの都市サイスを拠点に信仰された戦争と狩猟の女神
イシス神	古代エジプト最古の女神
ハルポクラテス神	ホルス神（ハヤブサの神，王の化身）の子どもの頃の姿をした神
バステト女神	ブバスティス（デルタの都市）の女神

物語のあらすじは、神々に匹敵するほどの魔法の力を手に入れることができる『トトの魔法の書』の話題を偶然耳にしたセトナ・カエムアス王子が弟のアンヘルルウを連れて、その書が存在するというメンフィスの墓のなかに入り、そこで『トトの魔法の書』を発見する。しかし、そこでセトナ・カエムアス王子以前に、同じ魔法の書を手に入れたことで呪いを受け家族ともども命を落としたネネフェルカプタハ王子の妻イフウェレトの霊から彼らの顚末を聞き、紆余曲折の末、セトナ・カエムアスが彼らの霊を鎮めるというものである。

残された内容から推測すると、おそらく失われてしまった一枚目と二枚目のパピルスには、ネネフェルカプタハ王子との結婚を望む彼の妹イフウェレトに反対する父親のメルネブプタハ王の様子が語られている。以下、王がイフウェレトの差し向けた執事に話しかける会話場面から本文（字体を変えて表記、以下他の作品も同様）ははじまる。

「娘と父の物語」

「お前は私を困らせるのか。私には二人しか子どもがいないのだ。その二人を結婚させろというのか。私はネネフェルカプタハをある将軍の息女と結婚させ、イフウェレトをもう一人の将軍の子息と結婚させようと考えているのに。我ら一族が繁栄しますように」

やがてファラオ（王）の面前で祝宴を開く日がやって来ました。私（ファラオ）の心は悲しみに満ち、以前のように振る舞うことはできなかったのですが、彼ら（イフウェレトとネネフェルカプタハ）は私を迎えにやってきたのです。そして祝宴に連れて行ったのです。ファラオは「イフウェレトよ、兄のネネフェルカプタハと結婚させろなどという馬鹿げたことを私に認めさせたのはあなたなのですよね」と言ったのでした。

私（イフウェレト）は、彼（ファラオ）に「私を将軍の息子と結婚させろ。彼（ネネフェルカプタハ）をもう一人の将軍の娘と結婚させろ。我ら一族が繁栄しますように」と彼のまねをして言い、二人で笑いあったのです。

執事がやって来て、ファラオが彼に「王宮執事よ、今夜イフウェレトをネネフェルカプタハの家に連れて行きなさい。抜かりなくありとあらゆるよきものを彼女に持たせるのだ」と言いました。そうして、その夜から私はネネフェルカプタハの妻となったのです。ファラオは私に銀と金の贈り物を届け、王宮から召使たちもやってきました。ネネフェルカプタハは、私を祝福し、召使たち全員を歓迎したのです。その夜、彼は私と眠り、いく度ともなく喜びを見出したのです。そしてお互いを愛するようになりました。

普段月経がある時期に月経がきませんでした。その知らせはファラオに届けられました。そのことを聞くと彼の心は喜びに満ちたのです。ファラオは宝物庫から銀・金・最高の亜麻布、そしてあらゆるよきものを私に送ってくれたのです。出産の日が訪れ、私はメルイブという名前の赤ちゃんを産んだのです。彼（メルイブ）は生命の家で読み書きを教わりました。

古代エジプトにおける近親結婚

現代の社会通念やキリスト教的観点から不道徳とされることが多い近親婚ではあるが、実際はイスラームのビント・アンム婚（父方並行いとこ婚）やハプスブルク家をはじめとしたヨーロッパの近世近代の王侯貴族間の近親婚は決して珍しいものではなく、むしろ家の財産を守るため、お互いの家系の高い地位を保持するために積極的に行われてきた。前者では親子ほど年齢の離れた伯父・叔父といとこの女性（姪）が結婚することもよくある。現実的に考えると、男性がある程度社会的に安定した地位と収入を持ったうえで結婚に至ることは、ビント・アンム婚の持つ利点でもあることは間違いない。後者の例をあげるときりがないが、愛情を介さない政略結婚的なもの以外にもフランスのカペー朝二代目の王ロベール二世の例が知られている。ロベール二世は二度目の結婚相手として又従妹を選んだが、教皇グレゴリウス五世はそれを認めなかったために破門されたのだ。

アジアにおいても『古事記』や『日本書紀』のなかで近親婚がしばしば描かれた日本、あるいは朝鮮半島やタイなどでも例は存在している。特に血の純潔さを保持するために、古代から続けられてきた日本の王族・皇族による近親婚は、神に由来する神聖なる血脈

（王統）を守るための一種の装置として必要なものとみなされていたのである。古今東西、近親婚の持つ意味は、神あるいは神に近い存在として自らの地位と権力を周りに認知させようとした支配者階級による政策なのである。ゆえに、そこに本来純粋さは求められるべくもないのだ。

それら近親結婚の歴史は古く、古代エジプト社会においてもしばしば行われてきたことが知られている。特にローマ支配期（紀元前三〇～紀元後三九五年）になるとエジプトで同じ両親を持つ兄弟姉妹が近親婚を頻繁に行っていたという記録が残っている（高橋二〇〇六）。それ以前のプトレマイオス朝時代（紀元前三三二～三〇年）にも、王族間で兄弟姉妹婚が普通に実施されていたのである。例えばクレオパトラ六世などは、兄弟のプトレマイオス一三世とプトレマイオス一四世と結婚している。新王国時代（紀元前一五五〇～一〇六九年頃）にもそのことは顕著であった。

現代的な感覚では比較的避けられるべきこのような王族間の兄弟姉妹婚が行われていた背景には、ヘリオポリスの九柱神が登場するヘリオポリスの創世神話の影響がある。このヘリオポリスで誕生した古代エジプト最古の創世神話は、世界のはじまりを説明したものである。それによると「混沌の海ヌンのなかから、創造神アトゥムが誰の助けも受けることなく自ら生じて最初の陸地である原初の丘に立ち、自慰行為によって自らの体液からシュウ神とテフヌト女神を生み出した。続いてシュウとテフヌトから大地の神ゲブと天空の女神ヌウトがオシリス・イシス・セト・ネフティスを生み出した」ということになっている。これら九柱神から世界ははじまるとされたのだ。これらアトゥム神が創造した神々は、それぞれシュウ神とテフヌト女神、ゲブ神とヌウト女神、オシリス神とイシス女神、セト神とネフティス女神という夫婦であり、兄弟姉妹婚を基としていたのである。

右記のような神々の兄弟姉妹婚の存在が、現人神あるいは太陽神の息子であった古代エジプト王の結婚に影響を与えたことは想像に難くない。神性・神聖を保つために、王は神々と同じように血族と結婚したのである。神話に基づく近親結婚はごく自然の流れであり、むしろ庶民とは異なる存在である王家・王族の特権であったともいえよう。その最大の例がツタンカーメン一族、特に父親であったアクエンアテン王なのである。

ツタンカーメン一族の家系

近年のＤＮＡ鑑定を中心とした科学的研究は、ツタンカーメン（トゥトアンクアメン）の血縁関係・親族関係を明らかにしつつある。それにともないツタンカーメンの父親がアクエンアテンであったことが判明した。この人物こそが古代エジプトにおける近親結婚の意味を理解するキーパーソンである。アクエンアテンはアメンホテプ四世という自身の名前を改名したことで有名だ。アメンホテプとは「アメン神は満足する」という意味で、アクエンアテンは「アテン神に有益なる者」という意味であった。彼は伝統的多神教世界であったエジプトで初めて唯一神太陽円盤アテンを神として奉じた人物であったのだ。「宗教改革者」あるいは「異端の王」という異名を持つアクエンアテン王は、古代エジプト史上最高の美女と称されるネフェルトイティ（ネフェルティティ）を王妃とし、彼女との間に娘を六人持っていた。男児に恵まれることはなかったが、王妃は王族ではなかった可能性の高いネフェルトイティであったことから、彼らの間に近親婚の問題は存在しない。

問題があるとすれば、アクエンアテン王が自身の三番目の娘であるアンケセナーメン（アンクエスエンアメン）との間に娘を一人もうけたことにある。アクエンアテンと王妃ネフェルトイティとの間に生まれた王女アンケセナーメンは、王であり実の父親でもあった人物の子どもを産んでいるのだ。「古代エジプトにおける結婚とは何か」という問題とも関わるこの出来事は、現代世界からみれば極めて不道徳な行為であり、とうてい受け入れ難い結果である。そのうえ、アンケセナーメンは後にアクエンアテン王の息子であるツタンカーメンの正妃となる女性なのである。しかしながら、古代エジプト王家では兄弟姉妹婚や父と娘の結婚の例はいくつもある。となればアクエンアテン王がアンケセナーメンと結婚し娘をもうけたことは、古代エジプト王家内では特に例外的な出来事ではなかったことになる。アンケセナーメンとツタンカーメンとがおそらく異母姉弟であった点もまた王家内における慣習を逸脱したものではなかったのである。神々と同じように行われた近親婚は、神に近い王族に限定された特権ですらあったのだ（大城二〇一三c）。

古代エジプトにおける贈り物の価値

「ファラオは宝物庫から銀・金・最高の亜麻布、そしてあらゆるよきものを私に送ってくれたのです」という件から、我々は古代エジプト人たちの贈り物（高価な物）に対する価値観を垣間見ることができる。そこには三つの高価な品があげられている。金は古今東西誰もが求めた原材料であった。亜麻布も「最高」という形容がなされていることから特別な品物であったことがわかる。では銀はどうであろうか。もちろん銀は古代でも現在でも高価な原材料であることは間違いない。古代エジプトにおいてもそれは同じであり、古王国時代第四王朝（紀元前二六一三～二四九四年頃）のヘテプヘレス王妃の墓から出土した蝶をあしらった銀製の腕輪（図4）をはじめとして、中王国時代（紀元前二〇五五～一六五〇年頃）の神殿の地下から発見された、いわゆる「トゥードの遺宝」には、ギリシア世界からもたらされた見事な銀製品が大量に含まれていたし、同じく中王国時代の第一二王朝（紀元前一九八五～一七七三年頃）のラフーンとダハシュールで発見された王妃たち・王女たちの宝飾品にも大量の銀製品が使用されていた。デルタ地域のタニスで発見された第三中間期の第二一王朝（紀元前一〇六九～九四五年頃）と第二二王朝（紀元前九四五～七一五年頃）の王たちの墓からも銀製品が大量に出土している。特に「シルヴァー・ファラオ」とも呼ばれるプスセンネス一世（パセバカエンニウト）の銀の棺は有名である。銀の価値は古代エジプトにおいて高かったことは明白である。

図４　ヘテプヘレス王妃の蝶柄の銀製腕輪（Müller and Thiem 1998）

しかし我々はここでリストアップされた品々の順番が金よりも銀の方を前に置いている点に注目すべきだ。それらはただ単に高価な品々を適当に並べただけではない。その順番に意味がある。通常、どの時代・地域でも黄金は銀に先行するものである。古代エジプトにおいてもそれは例外ではなかったが、時期によっては銀の方が金の前にくる場合があった。エジプトには国内に銀鉱山が少なく、ほとんどの銀はレヴァントから輸入する必要があり、希少価値が高かったからである。そして何より、エジプトは他の古代世界の国々と比べて格段に金が豊富であった。東方砂漠やヌビアに存在していた金鉱山から供給される金が多すぎたため、銀の希少性が増したのだともいえそうだ。ただし、中王国時代（紀元前二〇五五～一六五〇年頃）以降、周辺諸国との交流が盛んになるなかで銀の輸入量は増加し、それにともない価格は下落したと想定できる。古代エジプトにおける銀の価値には変動があったのだ。この物語が成立した時期には、銀の価値は上がっていたのかもしれない。あるいはプトレマイオス朝時代（紀元前三三二～三〇年）につくられたとされているこの「セトナ・カエムアス一世とトト神の魔法の書」のオリジナルは、銀が金よりも高かった時代の出来事であったのかもしれない。

教育機関としての生命の家

古代エジプト語でペル・アンクと呼ばれた「生命の家」（Gardiner 1938a・1938b、大城二〇〇五）とは、神殿の内部に備えられた教育施設であった。現在の大学や修道院に例えられることもあるが、書記（高位の役人）や貴族などエリートの子弟が通う学校のようなものであったと考えられている。

ただし「生命の家」で学ぶことができるのは男子に限られていた。古代エジプト社会における女性の地位は、他の古代世界と比較して決して低くはなかったが、幼い頃から母親によって教えられる家事の方法や情操教育が重要視されていたのであろう。それゆえ上流階級の少女たちは歌や舞踊（ダンス）を学び、なかには読み書きができる者もいたことが知られている。時代や地域あるいは民族や宗教によって価値観は異なるものなのだ。現代に生きる我々と同じ尺度で彼らの価値観をはかってはならない。古代エジプトでは、書記をはじめとした役人になることと同じくらいに（あるいはそれ以上に）、歌や舞踊を習得して神々に仕えることが社会的に求められる存在であったともいえるのだ。

「生命の家」では、ヒエログリフ（神聖文字）やヒエラティック（神官文字）をはじめとした文字の読み書き以外にも、暦を生み出した天文学・夢判断・医学・地理学・数学・法学・神学、そしてピラミッドや神殿建築に必須であった建築学などを学んだ。我々が今現在、古代エジプトについて様々な情報を知ることができるのも「生命の家」のおかげなのである。この「生命の家」において模写された神話や物語の一部が現代にまで伝わっているのだ。「生命の家」は、同じく神殿に付属する壁にパピルス文書を納めることができた図書室と考えられている「書物の家」（ペル・メジャト）とともに、古代エジプトの英知を創成し、後の時代へ伝える教育機関・研究機関として機能した。

古代エジプト社会における文化伝達機関として、そのネットワークの中心に存在していた神殿は、もともと俗世界と隔絶された神々への奉仕や祈願のために都市の中心機能として存在する、その文化・文明にとって神聖かつ象徴的なものであった。この神殿という古代エジプトにおける巨大なシンクタンクの核こそが「生命の家」であったのである。「生命の家」は、メンフィス・アクミム・アビドス・コプトス・エスナ・エドフ・アマルナなど、エジプトの主要都市に存在していたことが確認されている。「生命の家」に関する評判は、時代が経つにつれて、ナイル世界を超えて外部世界へと拡大することとなった。アケメネス朝ペルシア支配下のエジプト（第二七王朝、紀元前五三五〜四〇四年頃）においても「生命の家」の存在は知られていた（Williams 1972）。エジプト外部の人々のなかでこの「生命の家」に対して最も敏感に反応したのは古代ギリシアの哲学者たちであった。プラトンは一三年間、そしてピュタゴラスは二二年間もの間エジプトに滞在し、「生命の家」で幾何学や天文学などを学んだと伝えられているのだ（ストロウハル一九九六a、大城二〇〇五）。もしこのことが事実だとするならば、古代ギリシアを代表する二人の哲学者は、ほぼ「エジプト人」であったといってよいのかもしれない。

メルイブが何歳から「生命の家」で学び始めたのかは、この「セトナ・カエムアス一世とトト神の魔法の書」には記されていないが、エジプトの子どもたちは、通常一〇歳くらいから家業を継ぐために職業的な訓練を受け始めたことが知られている。父親が大工の息子は大工見習に、漁師の息子は漁師見習になったのだ。その一方、国政・行政のなかで出世を目指す子どもたちは、四年間小規模な地元の村の学校に通った（Williams 1972）。授業の基本は、教訓などが記された模範となる「ケミィトの書」などを木製の板やオストラカ（陶片）に書き写し、暗記することであった。また興味深いことに当時の国際語であったアッカド語を学んでいた可能性も指摘されている（Williams 1972）。ヒエログリフを学ぶ前により使用頻度の高いヒエラティック（神官文字）が習得された。入学試験や進学試験が存在したのかは明らかではないが、彼らのなかでも優秀な者は一四歳になると医者や書記を目指すために神殿へと送られたのである（デイヴィッド一九八六）。学校への入学年齢やその授業期間は、個人によってバラつきもあり、神官バクエンコンスは五歳で入学し、一六歳でウアブ神官に任命されたことが彼の方形彫像に刻まれている（Janssen and Janssen 1990、ストロウハル一九九六a）。

地方の末端の村々で子どもたちに教育が施されていた点を不思議に思うかもしれないが、中央に近づき優秀で健闘したが、最終的に国家の中枢に入り込むことが叶わずに地元へと戻って来た人物が知識を持ち帰り、教師となり子どもたちを指導したのであろう。このような故郷へのリターン組が古代エジプトの教育システムを根底で支えていたのである。

「ネネフェルカプタハと老神官」

ある日ファラオたちの墓に記された碑文と生命の家の書記たちの石碑、あるいは神殿などに彫られた文字を熱心に読みながら、メンフィスの岩場を歩く以外にすることがなかったネネフェルカプタハにそのことが起こったのである。しばらく経って、プタハ神に関わる祝祭の行列があり、ネネフェルカプタハは、お参りのためにプタハ神殿を訪れた。彼が神々の祠堂に記された文字を読みながら行列の後ろを歩いていたときに、それは起こったのです。一人の年老いた神官が彼を見るなり笑い出したのです。ネネフェルカプタハは、「なぜ私を笑うのか」と尋ねました。

すると老神官は、「私はあなたを笑ったのではない。あなたが何の価値もない文字を読んでいるのを笑っているのだ」と答えたのです。そして「もしあなたが文字を読みたいと願うなら、私と一緒に来るとよい。私はトト神が神々の後をついて地下に下りて行った際に、御自らの手で書いた文字の書のある場所にあなたを連れて行ってあげようではないか。その書には二つの呪文が書かれているのだ。もしあなたが第一の呪文を唱えるなら、天も地も冥界も山も海にも魔法をかけることができるでしょう。さらにあなたは、空駆けるすべての鳥たちと地を這うすべての爬虫類の話し言葉がわかるようになるでしょう。驚くなかれ、あなたは深い水底の魚たちを目視することができるようになるのだ。もしあなたが第二の呪文を唱えるなら、たとえ西方（冥界）にいたとしても、地上で生きていたときの姿のままでいられるし、驚くなかれ、あなたはあらゆる神々とともにある天へと昇る太陽神ラーも月も見ることができるのだ」と言ったのです。

ネネフェルカプタハは、老神官に「何と王は生き続けるのか。あなたが望むものをすべて差し上げるので、私をその魔法の書のある場所に導いてください」と述べた。すると老神官は、ネネフェルカプタハに「もし魔法の書のある場所に連れて行って欲しければ、私の葬儀用に銀一〇〇デベンを与え、さらに私に二人分の給料を税を徴収することなしに与えねばなりませんぞ」と告げました。そこで、ネネフェルカプタハは召使を呼び出し、銀一〇〇デベンを老神官に与え、無税の二人分の給料を支払ったのです。

すると老神官はネネフェルカプタハに「魔法の書は鉄製の箱に入れられて、コプトス近くのナイル河の真ん中にあり、その鉄製の箱のなかには青銅製の収納箱があり、その青銅製の収納箱のなかには松でできた箱があり、その松の箱のなかには象牙《ぞうげ》と黒檀《こくたん》製の小箱があり、その象牙と黒檀製の小箱のなかには銀製の小箱があり、その銀製の小箱のなかには金製の小箱がある。そのなかに魔法の書はあるのだ。その周りにはヘビ・サソリ、そしてありとあらゆる爬虫類が溢れている。そして箱の側には不死のヘビがとぐろを巻いているのだ」と話したのです。

老神官がネネフェルカプタハにまだ話をしている最中に、彼は居ても立っても居られなくなりました。彼は神殿を飛び出し家に戻り、私（イフウェレト）に、老神官の話をそっくりそのまま話したのです。彼は私に「私はコプトスに行こうと思う。そして魔法の書を手に入れ、すぐに戻って来るつもりだ」と言いました。私は老神官を非難して、「神官よ、ネイト女神（戦いと狩りの女神）があなたを呪うように。あなたはすでに馬鹿げた話を彼

図5　神像を神輿に乗せて担ぐ神官たち

にしてしまった。あなたは私に確執と揉め事をもたらしたのです。都テーベで悪いことが起こる予感がしてなりません」と言い、私はネネフェルカプタハを全力で止めようとしましたが、彼は聞く耳を持ちませんでした。彼はファラオの面前に赴き、老神官が彼に話したすべてをファラオに伝えたのです。

神像を運ぶ祝祭の行列

古代エジプトでは祝祭のとき、祀る神々の神像を神輿に乗せて神官たちが担ぎ町を練り歩く（図5）。日本の祭りで神輿を担ぎ町中を移動するのと同じような様相がそこにはみられたのだ。そのような古代エジプトの宗教祭礼で最もよく知られているのがオペト祭と呼ばれているものである。オペト祭は新王国時代（紀元前一五五〇～一〇六九年頃）に都テーベで毎年夏から秋に二週間から四週間かけて開催されていた大規模な祝祭だ。アムン神を祀る聖域カルナクからアムン・ムゥト・コンスのテーベの三柱神の神像を乗せた聖なる船が、オペト祭のために建造されたルクソール神殿へと行列行進するのだ（ナイル河を利用することもあった）。

もう一つの大きな祝祭であった「谷の美しき祭り」では、オペト祭と同じくアムン・ムゥト・コンスのテーベの三柱神の神像をカルナクからナイル河の対岸に当たるデイル・エル＝バハリへと運ぶ行列が組まれた。ナイル河西岸は死者の国であり、その死者の国を訪れる機会を生み出すことが「谷の美しき祭り」の大きな目的であったからだ。つまり、この祝祭の期間中に人々は先祖への供養のためにナイル河西岸の親族の墓を訪れたのである。日本におけるお盆のような時期と同じ感覚であったのであろう。

このような祝祭の行列の際には、普段は近づくことすら叶わない神々から直接神託が授けられる機会があった。人々は神像の前で神託を求め、神の答えが「イエス」であれば聖なる船は前進し、「ノー」であれば後退した。もし歴史的なバックグラウンドの異なる現代の日本人がその様子をみたならば、おそらく一九世紀に日本を訪れたイギリス人女性旅行家イザベラ・バードが感じたのと同様に、美しくも不思議な違和感を体感したことであろう。

私は、このように全くお伽噺《とぎばなし》の中に出てくるような光景を今まで見たことがない。提灯《ちょうちん》の波は揺れながら進み、柔い灯火と柔い色彩が、暗闇の中に高く動き、提灯をもつ人の姿は暗い影の中にかくれている。この祭りは七夕《たなばた》祭、あるいは星夕《せいせき》祭と呼ばれる。しかし私は、それについて何の知識も得ることができない。（宮本二〇一五）

私もよく似た体験を持っている。あれはまだ小学校低学年頃のことだと思うが、和歌山県（あるいは三重県）の山奥で母方の親戚の葬儀に参列したことがある。薄暗い川の土手を葬列が通過するのを見上げていたような記憶が幼児体験としてあるのだ。それは静かで厳かであり、まるで映画の一場面のようであった。

古代エジプト人にとっての西方とは

前述したようにナイル河の西方は、古代エジプト人たちにとって、死者の暮らす空間であった。ゆえにクフ王のピラミッドもツタンカーメン王墓のある王家の谷もすべてナイル河の西岸地域に建造されたのである。

新王国時代（紀元前一五五〇～一〇六九年頃）に描かれた墓の壁画には、死者が来世でたどり着く冥界の楽園である「イアルの野（葦《あし》の野）」において、穏やかに農耕を行う様子がしばしば描かれた（図6）。そこで彼らは生前の苦悩から解放され、水の溢れる土地で日々豊かな生活を営んでいるのだ。だからこそ本文のなかにおいて、「地上で生きていたときの姿のままでいられる」とされているのだ。理想の世界がそこには描かれたのである。他地域・他文化の観念と同じように太陽の沈む西方は、まさに古代エジプト人たちにとっての西方浄土《さいほうじょうど》であった。

図６　冥界の楽園であるイアルの野（葦の野）（Schulz and Seidel 2010）

長さ・重さの単位と給与・徴税

古代エジプトにおいて、銀の価値は時代・時期によって変動することを先ほど述べたが、この話のなかで再び銀が登場する。今回は私的な葬儀用に一〇〇デベンをくれと老神官はネネフェルカプタハ王子に述べるのだ。デベンは古代エジプトの重量の単位である。一デベンが約九三・三グラムに相当した。デベンはまたその下の単位キテに分けることができた。一〇キテが一デベンに相当した。例えばキプロスからエジプト王家に贈り物としてもたらされた献上品リストには次のように記されていた。

タイル状の銅一〇八と一／二個、銅製水差し二〇四〇デベン、タイル状の鉛五個、シート状の鉛一、二〇〇枚、ラピスラズリ一一〇デベン、象牙一本、木材二本（大城二〇〇三）

古代エジプトではこのような重量の単位以外にも、長さの単位であるキュービットなども使用されていた。腕の肘から指の先までの長さとされ、だいたい五二・四センチくらいであったが、時代によって増減があった。土地の測量や墓の建造の際にも用いられた。そしてこの本文の件からは、古代エジプトは給与制であり、しかも税金が存在していたことがわかる。もちろん給与は貨幣や紙幣が用いられたわけではなく現物支給であった。人々は労働の対価として、パン・ビール・タマネギ・マメ・ニンニクなどを得ていたのである。そして徴税システムが存在していたことも知られている。穀物の収穫高によって課せられた税を書記たちが徴収したのである。

貴重な原材料の価値観

「トト神の魔法の書」が入れられていた容器を説明する箇所からは、古代エジプト人たちが考えていた当時の貴重な原材料の位置づけがわかる。魔法の書が入れられた箱の材質と順番は、鉄↓青銅↓松↓象牙と黒檀↓銀↓金となる。金が最後に並ぶこの順番から興味深いことがわかるであろう。それは「青銅」

と「象牙と黒檀」との間に「松」、つまり「木材」がある点だ。古代エジプトでは、「青銅」よりも「木材」が貴重視されていたことがわかるのである。

巨大なナツメヤシはナイル河岸にいくらでもあったが、質のよい大型建材が育たなかった古代エジプトでは、古来レバノン杉のような大型建材が東地中海沿岸地域から王家主導で輸入されていたことが知られている。レバノン杉は松科の植物であることから、本論の「松」はレバノン杉を指している可能性が高い。

ヘビやサソリなどの危険生物

ヘビとサソリは、その毒から人の生死に関わる危険生物である。それゆえに人々はそれらを忌避した。このことは、魔除けとして使用されたキップス石碑（図7）にハルポクラテス（ホルス神の子どもの姿）が邪悪な生物を両手で摑み両足で踏みつけている様子がしばしば描かれたことからもわかる。そこからは古代エジプト人たちが何を忌み嫌っていたのかを知ることができるのである。

しかしながら、古代エジプトでそれらは、ネガティブな面だけではなく、双方とも王権と密接に関わるアンビバレントな存在でもあった。例えば第一王朝（紀元前三〇〇〇～二八九〇年頃）のジェト王はヘビを自らのシンボルとしていたし、敵から王を守護するために、古代エジプト王の被る王冠の前に聖蛇ウラエウスが備えつけられていた。先王朝時代（紀元前五三〇〇～三〇〇〇年頃）末期には、サソリの図像とともに描かれることから「サ

図7　魔除けとして使用されたキップス石碑（Schulz and Seidel 2010）

ソリ王」と呼ばれている王たちもいるほどである。

「ネネフェルカプタハ家族の旅の始まり」

ファラオはネネフェルカプタハに「そちの望みとは何であるか」と尋ねました。彼は「装備とともにファラオの船を賜りたいと思います。私は妻イフウェレトと息子メルイブとともに南へと向かいます。そしてすぐに魔法の書を持ち帰ることをお約束いたします」と王に話しました。そこでネネフェルカプタハに、装備品とともに王の船が与えられたのです。私たちはその船に乗り、ナイル河を南へとさかのぼったのです。船は進み、私たちはコプトスに到着しました。その知らせは、コプトスのイシス（愛の女神）神官たちとイシス大司祭に届けられました。彼らはネネフェルカプタハの到着よりも先にやって来ていたのです。彼らの妻たちは私を出迎えてくれたのでした。我々は河岸に上がり、イシス女神とハルポクラテス神の神殿に入場したのです。ネネフェルカプタハは、そこに牛肉・鶏肉・ワインを持って来させました。そして、彼はコプトスのイシス神とハルポクラテス神の前で焼いた肉とワインを捧げたのです。彼らは私たちをあらゆるよきもので溢れた壮麗な屋敷に連れて行ったのです。

ネネフェルカプタハは、コプトスのイシス神官たちと祝宴を催しながら四日間過ごし、その一方でイシス神官の妻たちは私とともにお祝いをしたのです。五日目の朝がやって来たとき、ネネフェルカプタハは、純粋な蜜蝋（害虫・害獣などの危険な存在から身を守ると考えられていた蜜蝋はそのまま、あるいはオイル・顔料・樹脂などと混ぜて使用された。柔らかいので粘土のように手で様々な形に変えることができる）を持って来させました。彼は漕ぎ手と水夫を乗せた船をそれでつくりました。次に呪文を唱えて、それらに命を吹き込んだのです。そして水のなかにそれを投げ込みました。彼はファラオの船に砂を積み込み、それを他の船に結びつけました。そして彼は甲板に上がり、私（イフウェレト）はといえばコプトスの岸辺に座り「この先彼に起こることを知ることになるだろう」と呟いたのです。

肉とワイン

「エジプトはナイルの賜物」という言葉があらわすように、古代エジプトはナイル河のおかげで豊かな食物に恵まれた国であった。ヘロドトスによって「パン食い人」と称された古代エジプト人たちは、エンマー小麦でつくられたパンを主食として、タマネギ・レタス・キュウリ・セロリ・ニンニク・オリーヴなどの野菜類やレンズ豆・エンドウ豆・ヒヨコ豆などの豆類、ナツメヤシ・イチジク・ブドウなどの果物を食した。チーズやバターを含む乳製品と魚・卵・肉類が主なタンパク源であった。

本文中では神々に捧げるための肉として、牛肉と鶏肉があげられている。古代エジプトでは、人々によって豚が食べられていたことが確認されているが、神々への捧げものとしては牛肉や鶏肉がより相応しいものと考えられていたのであろう。

古代エジプトにおけるアルコール飲料の代表はビールである。庶民階級に好まれたビールは、大麦やパンを発酵させてつくられたと考えられている。現代のビールのように透明な液体ではなく、どろどろとした流動食のようなものであった。アルコール度数も低く子どもから大人まで飲んでいたようだ。そのようなビールとは異なり、ワインは裕福な社会階層の人々によって好まれ飲まれた。ゆえに神々への奉納品としても相応しいものであった。ブドウ園において摘み取られたブドウは、圧搾して果汁を集め、発酵させるために樽に入れられた。そして最終的にワイン壺のなかに収められて、熟成されたのである。赤ワインも白ワインも同じ方法でつくられた。ナツメヤシ・イチジク・ザクロからもワインがつくられた。ワイン壺には、産地と製造年、あるいは生産者や品種までが記されていた。ツタンカーメン王墓においても副葬品としてワインが出土している。現代と同様に飲み過ぎて粗相をする者もいたようだ（図8）。

彼は漕ぎ手たちに「魔法の書がある場所へと私を連れて行くために船を漕げ」と言いました。漕ぎ手たちは昼夜を問わずに船を進めました。三日目に到着すると、彼は目の前に砂を投げ、河のなかに道をつくったのです。書物のある箱の周りで、彼は巨大なヘビ・サソリ、そしてあらゆる種類の爬虫類を目にしました。彼は同じ箱の周りに不死のヘビを発見しました。彼はそれら巨大なヘビ・サソリ、そしてあらゆる種類の爬虫類に対して呪文を唱えました。彼はそれらが飛びかかって来るのを退け、不死のヘビの下へと向かいました。彼はヘビと戦い、打倒したのです。しかし、ヘビは生き返ったので、同じように戦い殺しました。彼はヘビと二度戦い殺害したのです。しかし、またもやヘビは蘇り三度目の戦いが行われました。彼はヘビを二つに切断し別々に砂をかぶせました。ようやくヘビは息絶え再び蘇ることはなかったのです。

ネネフェルカプタハは、箱のある

図８　飲み過ぎで後ろを振り向き嘔吐する人物（Strouhal 1996）

「トト神の魔法の書の呪文を唱える」

場所にたどり着き、それが鉄製であることを確認しました。彼が箱を開くと、そこには青銅製の箱がありました。その箱を開くとアレッポでとれる松製の箱がありました。その箱を開くと象牙と黒檀でできた箱があり、なかには銀製の箱が入っていました。その箱を開くとなかには黄金製の箱がありました。さらに彼がそれを開くとなかから魔法の書が現れたのです。彼はその黄金製の箱から魔法の書を取り上げました。そしてそこに書かれた呪文を唱えたのです。彼は空・大地・冥界・山々・海に魔法をかけました。彼は天空に舞うすべての鳥たち、深淵に潜む魚たち、砂漠に暮らす動物たちが話していたことすべてを理解することができたのです。彼は他の呪文も唱えてみました。すると彼はいつものように昇る月と星々を九柱神とともに天空に現れる前に見ることができたのです。また二一キュービットもの深さの水底に魚たちを見ることができたのです。

彼は水面に向って呪文を唱えました。彼はその呪文をもう一度唱えました。彼は甲板に上り、漕ぎ手たちに「やって来た場所へと私を乗せて漕げ」と言ったのです。彼らは昼も夜も彼を運ぶために船を漕いだのです。彼は何も飲まず、何も食べず、何も手につかずにコプトスの河岸にいる私のもとへ、よき家へとたどり着いた一人の男のように戻ってきました。私（イフウェレト）はネネフェルカプタハに、「お帰りなさい。私たちが苦労して手に入れたその書物を私に見せて下さい」と言いました。すると彼はそれを私に手渡してくれたのです。私はそこに書かれていた呪文を唱えてみました。すると空・大地・冥界・山々、そして海に魔法をかけることができたのです。また空に羽ばたく鳥たち、水底に潜む魚たち、そして家畜たちなど、生きとし生けるものすべての言葉を理解することができたのです。私はもう一つの呪文を唱えてみました。すると私は九柱神とともに天空に昇りつつある太陽を見ることができたし、昇る月も天にあるすべての星々も星座も見ることができたのです。私は文字を書くことすらできませんでしたが、二一キュービットもの深さの水底に魚たちを見ることができたのです。私は優秀な書記であり最高の賢者であった我が兄ネネフェルカプタハと話をしていたのです。彼は自分の前に新たなパピルスを一枚持って来させました。そして目の前のパピルスの上にすべての言葉を完璧に書き記したのです。次に彼はそれを炎で焼き、水に溶かしたのです。それが溶けたことを確認すると、彼はそれを飲み込み、そのなかに書かれていたことを悟ったのです。

箱のなかの魔法の書を守るヘビ

先にみたように、古代エジプト王権とヘビとの関係は深い。コブラの神である聖蛇ウラエウスは、ファラオの被る王冠の額部分に備えつけられる極めて重要な標章だ（大城二〇一五a）。第一王朝のジェト（ヘビ）王や上エジプトの守護神ウアジェト神の存在は、古代エジプトにおけるヘビのポジティブな面をあらわしている。本文のなかで登場する他の忌むべき生物とともに登場する巨

図9　槍を構えてアポピスを討つセト神（Nardo 2013）

大なヘビは、ヘビの持つ二面性の内ネガティブな面を表現しているといえよう。そのネガティブな面の代表が悪の化身とも称されるアポピス（アペピ）である。

王は死ぬと太陽の船に乗り、太陽神ラーの一行とともに旅をするが、その際に襲いかかってくる太陽神ラーの大敵である大蛇アポピスを倒す必要があった。そのためデイル・エル＝メディーナのインヘルカの墓の壁画には、ラー神の「大いなるネコ」がアポピスの胴体を切り落とそうとする場面が描かれたし、ラーと王を守るため太陽の船の舳先《へさき》に立ち、槍を構えてアポピスを討つセト神がしばしば描かれた（図9）。しかし、倒しても倒しても再び襲い来るアポピスは、闇の世界における再生復活のサイクルの象徴でもあったのだ。

また暗い地下世界に棲むアポピスは、地震などの天変地異を引き起こす神であるともされた。災いをもたらす存在と認識されていたのである。そのため末期王朝時代（紀元前六六四〜三三二年頃）になるとアポピスの邪気から世界を守るために、蝋でつくられたアポピスの模型が切り刻まれて火のなかに放り込まれたり、パピルスにアポピスの絵を描きそれを箱に入れたまま燃やしたりしたことが知られている。そのようなヘビが地下の墓のなかで「トト神の魔法の書」を守護していたのだ。

その際に幾重にも（鉄・青銅・松・象牙と黒檀・銀・黄金の順）、マトリョーシカのごとく箱が使用されていた点も注目に値する。書が入っていたそれらの箱を負の要素を持つヘビが守っていたのである。このような「ヘビが財宝を守る」といった話は、中国や日本などアジアにも伝わっている。釈迦《しゃか》などの著名人に起った因果応報《いんがおうほう》をまとめた物語集である『賢愚経《けんぐきょう》』の第三巻には、「ヘビは地中に埋めた財宝を守る」と考えられていたことが記されている。また『賢愚経』を書写したと伝わる聖武《しょうむ》天皇の時代の話として、『今昔物語集《こんじゃくものがたりしゅう》』第一四の、「一人の女が天皇に一夜婚の寵愛《ちょうあい》を受けた。退出する時、黄金の入った銅の箱を賜った。女が死ぬ時、この箱といっしょに埋葬してくれるようにと頼んだので、そのようにしてやると、女は蛇に化してその箱にまといつき、それを守っていた。吉備真備《きびのまきび》大臣は、この箱を掘り出して、中に入っていた黄金千両で法華経《ほけきょう》を書写し、盛大な法会を催してやった。その後、女の霊が大臣の夢に現れて礼を述べ、空に飛び去って行った」（井本一九九二）というものが知られている。古来、ヘビとは地下世界にある宝箱を守護する存在とみなされていたのだ。古代エジプトもまたその例外ではなかったのである。

「ネネフェルカプタハ家族の悲劇」

まさにその日に私たちはコプトスに戻りました。私たちはコプトスのイシス女神とハルポクラテス神の御前でお祝いをしたのです。私たちは船で下流へと下り、コプトスの北にたどり着いたのです。

しかしながら、トト神はすでに魔法の書に関してネネフェルカプタハに起こったことすべてをご存知でした。トト神はすぐにラー神にそのことを報告しに行ったのです。そして「私の法的権利と正義をメルネブプタハ王の息子ネネフェルカプタハに確認して欲しい。ネネフェルカプタハは私の宝物庫へと行き、それを奪って行ったのです。私の文書を入れていた箱を持ち去ったのです。彼はそれを見張っていた番人を殺害しました」と述べたのです。

ラー神は「ネネフェルカプタハの周りのすべての人々をあなたの好きなようにしてもよい」とトト神に告げました。そこで天から恐るべき悪霊が送り込まれました。ラー神は「ネネフェルカプタハと彼に関わる何人も何事もなくメンフィスに行かせてはならぬ」と言ったのです。

そのとき、息子のメルイブは王家の船の天蓋《てんがい》から外に出てきました。そしてメルイブはナイル河へと転落し、「神に称《たた》えられし者」となったのです。船上にいるすべての人々が泣き叫んだのです。ネネフェルカプタハは天蓋から出てきました。そして呪文を一つ唱え、二一キュービットもの深さの水底に沈んでいたメルイブの亡骸を引き揚げさせたのです。彼は呪文を一つ唱えました。そしてラー神の前でトト神が行った不満の意味とともに彼に起こったすべての出来事を理解したのです。私たちは彼の亡骸とともにコプトスに帰還しました。私たちは彼を墓所に連れて行き、彼に付き添い、裕福な貴人のごとくミイラにしたのです。そしてメルイブは石棺に入れられ、コプトスの岩山に葬られたのです。私の兄ネネフェルカプタハは、「ナイル河を下りましょう。ファラオが我々の身に起こったことを聞いて、彼の心がそのことが原因で悲しみに暮れるといけないので、急ぎましょう」と言いました。私たちは船に乗り込み河を下りました。そしてコプトスの北に遅れることなく到着したのです。そこは息子のメルイブが溺死した場所でした。

私は王家の船の天蓋から出ました。そしてナイル河へと飛び込みました。こうして私もまた「神に称えられし者」となったのです。船上の誰もが泣き叫びました。彼らはそのことをネネフェルカプタハに告げました。彼は王家の船の天蓋から出てきました。そして私に呪文を一つ唱え、二一キュービットもの深さの水底に沈んでいた私を引き揚げたのです。そして私引き揚げられた私に彼は呪文を一つ唱え、ラー神の前でトト神が行った不満の意味ととももに彼に起こったすべての出来事を理解したのです。彼は私の亡骸とともにコプトスへ帰還しました。彼は私を墓所に連れて行き、私に付き添い、極めて裕福な貴人のごとくミイラにしたのです。そして息子のメルイブの眠る墓のなかに私を安置したのです。彼は船に乗り込み河を下りました。そしてコプトスの北に遅れることなく到着したのです。そこは私たち親子が溺死した場所でした。

彼は自身の心に「私はコプトスに戻り、そこで暮らすべきなのか。あるいはすぐにメンフィスに行った方がよいのか。ファラオは私に子どもたちのことを尋ねるであろう。私はファラオに何と言えばよいのか。私はファラオに「テーベに子どもたちを連れて行って殺してしまった。自分だけが生き残りメンフィスに戻ってきた」と言うべきなのであろうか」と語りかけました。

彼は自分が持っていた薄い上質な亜麻の布を一枚持って来させました。そしてそれで亜麻の包帯をつくったのです。彼は魔法の書を身体の上に置いてしっかりと括りつけました。そしてネネフェルカプタハは、王家の船の天蓋から出てきました。そしてナイル河へと飛び込み、「神に称えられし者」となったのです。船上の誰もが大声で「何と不幸なことなのだ。最悪の結末だ。彼は彼自身で幕引きをしてしまった。優秀な書記で比類なき賢者であったのに」と泣き叫んだのです。

神に称えられし者

「神に称えられし者」とは、ナイル河で溺死したという意味である。古代エジプトではナイル河で溺死した者は、それがどのような身分であれ、聖なる存在として人々に敬われた。神々のように信仰の対象となることすらあったのだ。ヘロドトスは次のように伝えてくれている。

エジプト人外国人を問わず、ワニにあるいは河の流れに引き込まれて溺死した場合は、溺死体の揚がった場所の町の人々がその死体をミイラとし、可能な限り讃え挙げて墓地に埋葬することが絶対的な義務となっている。その際には、たとえ親族であろうと友人であろうと、死体に触れることは禁じられている。死体は人間以上の存在とみなされ、神官たちの手によって葬られるのだ（ヘロドトス『歴史』第二巻九〇）

世界各地で河・海を問わず溺死体に対する同じような例が知られている。有名なのはローマ皇帝ハドリアヌスの愛人であった美少年アンティノウスの例であろう。死の原因は曖昧であるが、ある日アンティノウスはナイル河で溺れて死んでしまう。ハドリアヌスはそれを嘆き悲しみ、彼を神として崇め、彼が没した地に町を建設したのである。それがアンティノウスにちなんで建設されたアンティノオポリスであった。何ともスケールの大きな話だ。

おそらくエジプトにおけるこのような溺死体信仰の裏には、古代エジプトの「オシリス神話」の影響がある。オシリスは弟セトの姦計にはまり、棺に閉じ込められたままナイル河に流されるのである。オイディプスやモーセもまた生後すぐに河に捨てられた（前者は山に捨てられたヴァージョンもある）。オイディプス同様にアルゴスの王アクリシオスは、神託で孫によって殺害されると警告されていたので、孫のペルセウスとその母ダナエを木箱に閉じ込めて海に流した。王やそれに準ずる者たちは、生死の際に河や海と大きな接点を持っているのである。それは河や海がこの世とあの世との境界であるとみなされていたからに違いない。

日本で行われてきた補陀落渡海《ふだらくとかい》も同じような観念＝「異世界への入口」のなかから生まれたものであろう。僧侶や行者が渡海船と呼ばれる船に単身乗り込み、船の中央に置かれた箱のなかに入り、自らの命を賭して民衆を浄土へと先導する役割を果したのである。戦国時代に日本で布教活動を行ったポルトガル人イエズス会宣教師ルイス・フロイスは、『日本史』総論一八章のなかで、「仏僧らが行う補陀落、および彼らが悪魔に奉献するその他の流儀について」と題し、補陀落渡海について記していたことが知られているが、この総論は未発見であり、オリジナルからその内容を確認することはできない（根井二〇〇八a・b）。ただしフロイスに数年先立って来日していた、祖国も宗派も同じ宣教師のガスパル・ピレラが書簡のなかで、補陀落渡海について言及してくれている。ピレラは修験山《しゆげんやま》伏《ぶし》の苦行を紹介する件で、「施与の金銭を小舟に乗せて大海の真ん中に出で、舟に穴をあけて地獄へ赴けり」と記している（根井二〇〇八b）。つまり、山伏は聖者になるために船で海に出てそこで自ら溺死して命を絶つ修行をすることがあるということだ。もちろんそれはキリスト教者にとっては忌避することであり、信じられない蛮行であったと感じたであろう。そのためフロイスもピレラも驚きとともに記述を残したのだ。

ネネフェルカプタハ家族は、山伏たちとは異なり、自ら望んだわけではなかったが、補陀落渡海を実行した日本の山伏たちのごとく、トト神の呪いによって異世界への入口である河のなか＝あの世へと向かったのだ。そして「神に称えられし者」となったのである。

「ネネフェルカプタハの帰還」

王家の船は、ネネフェルカプタハが身を投げた場所を知る人もいないままにナイル河を下って行ったのです。船はメンフィスに到着し、ファラオにそのことが報告されたのでした。ファラオは、葬儀用の亜麻布がかけられた王家の船の前まで下りてきました。その一方メンフィスの住民すべては、プタハ神官たち・プタハ大司祭・ファラオの側近、そして王族たちのするように葬儀用の亜麻布を身にまとったのです。彼らはネネフェルカプタハが優秀な書記としての技量を用いて王家の船の舵を握っているのを見たのです。彼を運び出すと身体の上に魔法の書があることがわかりました。ファラオは「彼の身体の上にある魔法の書を取り除くように」と命じたのです。

続いてファラオの側近たちは、プタハ神官たちとプタハ大司祭とともにファラオの御前で「我らが偉大なる王よ、長寿でありますように。ネネフェルカプタハは優秀な書記であり、真の賢者でありました」と申し上げたのです。ファラオは三五回包帯を巻くのに一六日間、そして防腐処理に七〇日間かけて彼を墓所に入れました。ネネフェルカプタハは、彼の奥津城《おくつき》で石棺のなかに安置されたのです。

これが、「私（イフウェレト）にそれを下さい」とあなた（セトナ・カエムアス王子）が言った、この「トト神の魔法の書」が原因で私たち家族の身に降りかかった恐ろしい災難についてのお話です。あなたはそれに関わるべきではないのです。その書のせいで、私たちの現世での命は奪われてしまったのですから。

ミイラ作製について

ここでは「ファラオは三五回包帯を巻くのに一六日間、そして防腐処理に七〇日間かけて彼を墓所に入れました」と記されているが、これは明らかにミイラ作製の過程を記したものである。ギリシア・ローマ時代以前に古代エジプトのミイラ職人が書き記した公の記述は残っていない。古代エジプト人は、本当に大事なことは必ず秘密にしたのである。ゆえに、ピラミッド同様にミイラの正確なつくり方もわからないのだ。しかし手がかりはある。それが紀元前五世紀のヘロドトスをはじめとした古代ギリシア・ローマの叙述家たちが残してくれた記述である。ファラオのミイラ作製についてではないが、ヘロドトスは最も精巧な最高級ミイラのつくり方として大方次のように記している。

最初に先の曲がった刃物を鼻の穴から差し込み脳を掻き出す。尖った黒曜石《こくようせき》で脇腹を切り内臓を取り出す。それら内臓はヤシ油で洗い香料で清める。空いた腹部には香料を詰め込み縫合する。それを七〇日間ナトロン（天然の炭酸ナトリウム）で覆い乾燥を促す。七〇日経つと遺体を洗浄し、良質の亜麻布製の包帯を全身に巻き、その上からゴムを塗り付ける。（ヘロドトス『歴史』第二巻八六）

右記のようにして作製されたミイラは親族に引き渡されるのである。さらに紀元後一世紀のパピルス文書から、ミイラ作製の過程には特定の儀礼がともなっていたことも知られている（ショー&ニコルソン一九九七）。

「セトナ・カエムアスとネネフェルカプタハ」

しかしセトナは、「イフウェレトよ、あなたとネネフェルカプタハとの間にあるその書を私によこしなさい。さもなくば、私は力ずくでそれを奪い取るでしょう」と言ったのです。するとネネフェルカプタハは、自らの力で棺から起き上がったのです。そして彼は「セトナよ、あなたの前でこの女性が悲惨な出来事について語ったのに、そのことについて何とも思わないのですか。懸案のこの書物については、優秀な書記を使って取らせることができるのではないでしょうか。あるいは私とゲームで競ってみるのはいかがでしょうか。我々二人だけでそのゲーム開始の手続きをとってしまいましょう」と言ったのです。「私はいつでもあなたのお相手ができますよ」とセトナは言いました。

ゲーム盤が駒とともに彼らの前に運ばれてきました。そして二人はゲームを始めたのです。一回戦はネネフェルカプタハがセトナに勝利しました。ネネフェルカプタハはセトナに向って呪文を唱えました。そして彼の目の前にあったゲーム盤でセトナの頭を殴ったのです。ネネフェルカプタハは、セトナの両足を地面のなかに押し込みました。二回戦もネネフェルカプタハが勝利しました。するとネネフェルカプタハは彼の腰まで地面に押し込んだのです。三回戦もネネフェルカプタハが勝利し、セトナを耳まで地面のなかに押し込んだのです。

その後、セトナはネネフェルカプタハの手にかかり苦しんでいましたが、乳兄弟のアンヘルルウに大声で、「すぐに地上に上げてくれ、私に起ったすべてのことをファラオの御前で説明してくれ、そしてプタハ神のアミュレット（護符）と私を守護するための魔法の書（別の魔法の書）を私に持って来てくれ」と叫んだのです。アンヘルルウはすぐに戻り、ファラオの御前でセトナに起ったすべてを話したのです。するとファラオは「プタハ神のアミュレットと魔法の書を持って行け」と言いました。

アンヘルルウは急いで墓のなかに降りて行きました。彼はアミュレットをセトナの身体の上に置き、すぐに地上へと引き返しました。セトナは魔法の書（トト神の魔法の書）に腕を伸ばして、それをつかみ取りました。セトナが墓から這い上がると彼の前に光が注ぎ、闇が遠ざかって行ったのです。傍らのアンヘルルウは彼の後ろで泣きながら「万歳、闇よさらば。おお光よ、墓にあるあらゆるものは完全に過ぎ去った」と言いました。ネネフェルカプタハは、アンヘルルウに「心を悲しませるな。私は彼（セトナ）が手に二股の棒を持ち頭に火鉢を載せて（懺悔《ざんげ》のポーズを意味すると考えられている）、この魔法の書（トト神の魔法の書）をここに再び持って来させるであろう」と言ったのです。

セトナは墓から這い出し、すぐにその入口を閉めました。セトナはファラオのもとに行き、その御前で魔法の書が原因で彼に起った顚末を説明しました。ファラオはセトナに「この魔法の書を賢者たるネネフェルカプタハの墓に戻してくるように。そうしなければ彼はあなたの手に二股の棒を持たせ頭に火鉢を載せて、この魔法の書を墓に戻させるでしょう」と言ったのです。しかしセトナは聞く耳を持ちませんでした。セトナは魔法の書を開いて、皆の前で読み上げること以外には何ひとつとして興味を持たなかったのです。

ゲーム盤と駒

古代エジプトにおいてゲーム盤と駒を使用したゲームは、メン（忍耐）やメヘン（ヘビ）など、いくつか知られているが、最も人気のあったのがセネト（通過）である。セネトは二人のプレーヤーが向かい合い対戦するゲームであった。貴族の墓の壁画上で墓主が遊ぶ場面にしばしば描かれたセネトは、副葬品としてもよく知られている。通常は色や形の違う七つの駒を持ち、サイコロの代りとして距骨《きょこつ》（動物の関節の骨の部分）や投げ棒を用いた。出た目によって、三〇個のマス目が一〇個ずつ三列に並んだゲーム盤の上で駒を進めたのである。

勝者はマス目にあらわされた幸運・不運を通過し、来世における豊かな生活を勝ち取ることができるとされていたことから、墓に入れる副葬品として相応しいものであった。将棋やチェスのようなものではなく、双六とよく似たものと紹介されることが多いが、来世での幸運・不運を通過しながら駒が進められたことを考えると、現代の「人生ゲーム」的なものであったのであろう。

「バステト女神の預言者の息女タブブ」

それからしばらくしてセトナがプタハ神殿内の羨道《せんどう》で歩き回っているとその日はやって来ました。セトナはこの世のものとは思えないほど美しく、誰よりも見目麗しい女性を見かけたのです。彼女は美しく、黄金の装身具を身に着け、後ろに数人の女性の召使と彼女に指名された二人の男性の召使をともなっていました。

　セトナは彼女を見た瞬間から、無我夢中になってしまったのです。彼は自分の召使を呼び寄せ「今すぐ彼女がどこに住んでいるのかを聞き出せ。そして彼女に起っていることを知らせろ」と言いました。そこで召使は急いで彼女のいる場所に向いました。彼はその女性の背後を歩いていた女性の召使に声をかけたのです。彼は女性の召使に「彼女はいったい何者なのですか」と尋ねました。するとその女性の召使は、「あの方はタブブ様です。アンクタアウイ（メンフィス近郊にあった町）の女主人であるバステト女神の預言者のご息女です。大神プタハへの参拝のためここにやって来られたのです」と教えてくれました。

　召使はセトナのもとに戻り、女性の召使が言ったすべての文言をセトナに伝えました。するとセトナはその召使に「今すぐ行け。そして女性の召使に、私はファラオであるウセルマアトラーの息子セトナ・カエムアスの遣いの者ですと言え。そして「あなたに一〇デベン（九三三㌘）の黄金を与えるから、私と一時間ともに過ごせ。そうしなければ私は力ずくであなたをものにするだろう。誰にも気づかれない秘密の場所にあなたを連れて行くだろう」と伝えろ」と言ったのです。

　召使はタブブの所へ行き、女性の召使を呼び止めて彼女と話しました。すると彼女はまるで彼が言ったことが神への冒瀆であるかのごとく叫び声を上げたのです。タブブはその男性の召使に「そのうるさい女と話すのを止めて、こちらに来て私と話なさい」と言いました。召使はすぐにタブブのいる場所に行き、彼女に「あなたに一〇デベンの黄金を与えるから、私と一時間ともに過ごせ。そうしなければ私は力ずくであなたをものにするだろう。誰にも気づかれない秘密の場所にあなたを連れて行くだろう」というセトナの言葉を伝えました。

するとタブブは「行け、そしてセトナに伝えよ。私は高貴な家柄であり、下々の者とは違いますと。そしてもしあなたが私と性的関係を持ちたいと望むなら、ブバスティスにある私の家を訪ねてきなさい。そのなかであればすべてのものが揃っていますし、誰に知られることもなく、街角に立つ身分の卑しい女性が行うように、あなたが私と望むことをすることができるでしょう」と告げたのです。

召使はセトナの所に戻り、彼に彼女の言葉をすべて伝えました。セトナは「それは望むところだ」と言ったのです。本当にセトナと一緒にいたら腹立たしいことばかりだ（文中にこのような話し手の感想〈ここでは召使の不満〉のような文言が挿入されるのは極めて珍しい）。セトナは船を持って来させ、それに乗り込んだのです。そしてすぐにブバスティスへと向かいました。町の西側に到着したセトナは、高くそびえる家とそれを取り囲む壁、そして北側にある庭園と門の前のテラスを目にしました。セトナが「この家はいったい誰の家なのだ」と尋ねると、「それはタブブ様のお宅です」という答えが返ってきました。セトナは塀のなかに入りました。彼が庭園にある建物に目を向けると、そのことはタブブに伝えられました。彼女は建物から出てきました。そしてセトナの手を引き「あなたが入って来られたアンクタアウイの女主人であるバステトの預言者の家の幸運のために、私は喜びに満ちております。さあ私と一緒に参りましょう」と言ったのです。

セトナはタブブと一緒に家の階段を上がりました。彼はそこで、綺麗に清掃された本物のラピスラズリとトルコ石で敷かれた床があり、薄い最高級の亜麻布が広がり、テーブルの上に沢山の最高品質の黄金製の盃が置かれ飾り立てられた家の上階を目にしたのです。黄金の盃はワインで満たされ、セトナに渡されました。彼女はセトナに「どうぞお好きなものをお召し上がり下さい」と言い、セトナは彼女に「仕方がないですね」と答えたのです。香料が香炉の上に置かれました。軟膏がまるで王に対するがごとく彼の前に運ばれてきました。セトナはタブブと祝杯をあげましたが、彼女のような態度の女性ははじめてでした。

ラピスラズリの重要性

ラピスラズリは先王朝時代（紀元前五三〇〇～三〇〇〇年頃）から知られた暗青色の貴石であり、その特徴的な色合いから、古代エジプト人たちに天空・夜空を象徴するものとして貴重視された。原産地は北東アフガニスタンの山岳部（バダフシャン地域）で、そこからシルクロードの前身である長距離交易ルート（ラピスラズリロード）を通ってエジプトに輸入された（大城二〇〇三）。金と銀に次ぐ高価な原材料であり、あまりにも高価であったことから、色ガラスやファイアンスがラピスラズリの模造品としてつくられた。また古代エジプトの神話のなかでは太陽神ラーの髪の毛はラピスラズリであると考えられていたことからもその重要性は明らかである。

人類は、太陽神ラーに対してよからぬ計画を立てた。そのとき、太陽神ラーはすでに年老いており、彼の骨は銀となり、彼の肉体は金となり、彼の髪の毛は本物のラピスラズリとなっていた（大城二〇〇三）

香料と香炉

古代エジプトにおいて香料は、数々の宗教儀礼や化粧に用いられた。芳香を放つ原材料としては、植物由来・動物由来など様々なものが想定されている。なかでも香木は有名で、各時代の王たちはそれを求めて、神の国と呼ばれたプント国へと遠征隊をしばしば派遣した。新王国時代第一八王朝の女王ハトシェプスト（紀元前一四七三〜一四五八年頃）の命を受けたプント遠征隊の主要目的もまた香木の獲得であった。その際の様子がデイル・エル＝バハリの葬祭殿のレリーフに描かれている。

新王国時代の墓に描かれた壁画には、しばしば宴会においてカツラの頭頂部に香料を染みこませた円錐形の物体を載せた女性客が描かれている。従来この物体は香料を含ませた脂肪の塊であり、体温や気温で溶け出し芳香を放ったのだと考えられてきた。しかし現在では香りそのものを具現化したものという説が有力となっている。初期王朝時代（紀元前三〇〇〇～二六八六年頃）のインセンスバーナー（置き香炉）や末期王朝時代（紀元前六六四～三三二年頃）のものとされる吊り香炉（このなかで香料を燃やした）が現存していることから、全王朝時代を通じて香料と香炉が使用されたことは明らかである。

「タブブの罠」

セトナはタブブに向って「我々がここにやって来た目的を果たしましょう」と言ったのです。すると彼女は彼に「あなたはあなたの暮らす家にやって来たのです。私は高貴な家柄であり、下々の者とは違います。もしあなたが私と思いを果たしたければ、私に資金援助の契約を交わし、それとともにあらゆるものに関する売買の証明書とあなたが所有するすべての家財をくださらねばなりません」と言いました。そこで彼は「書記を呼びましょう」と答えたのです。書記はすぐにやって来ました。セトナは彼女のための資金援助の契約、そしてあらゆるものに関する売買と所有するすべての家財の証明書をつくらせたのです。

その後すぐに、セトナに「あなたのお子さんたちが下まで来ていますよ」という知らせが入りました。セトナは「上がってくるように伝えなさい」と言いました。タブブは立ち上がり、薄い最高級の亜麻布を身に纏いました。セトナは透けて見える彼女の全身に釘付けとなりました。彼の欲望は以前にもまして高まったのです。セトナは「タブブよ、私がここにやって来た目的を果たしましょう」と言いましたが、タブブは「あなたはあなたの暮らす家にやって来たのです。私は高貴な家柄であり、下々の者とは違います。もしあなたが私と思いを果たしたければ、あなたの子どもたちに私の契約書へ署名をさせて下さい。あなたの子どもたちが私の子どもたちにあなたの財産について争わせないようにして下さい」と言ったのです。セトナは彼の子どもたちを連れて来させ、証明書に署名させたのです。

セトナはタブブに「私がここにやって来た目的を果たしましょう」と言いました。すると彼女はセトナに「あなたはあなたの暮らす家にやって来たのです。私は高貴な家柄であり、下々の者とは違います。もしあなたが私と思いを果たしたければ、あなたの子どもたちを殺させなさい。あなたの子どもたちが私の子どもたちにあなたの財産について争わせないように」と言ったのです。するとセトナは「あなたの心に届いた嫌悪感をなくさせましょう」と言ったのです。タブブは彼の目の前で彼の子どもたちを殺害し、窓から投げてイヌとネコに餌として与えたのです。イヌとネコがそれらを食べていました。セトナはその間、タブブとワインを飲みながらその音を聞いていたのです。

セトナはタブブに「私がここにやって来た目的を果たしましょう。もうすでに私はあなたが望むことすべてを実行しましたよ」と言いました。すると彼女は「今すぐ宝物庫の方に行って下さい」と彼に言ったのです。セトナは宝物庫に向いました。そして彼の熱い想いが遂げられる象牙と黒檀でできたベッドに横たわったのです。タブブはセトナの側にやって来ました。セトナは彼女に触れようと彼の腕を伸ばしました。するとタブブは口を開いて地面が揺れるほどの大きな叫び声をあげたのです。

薄い最高級の亜麻布

「タブブは立ち上がり、薄い最高級の亜麻布を身に纏いました。セトナは透けて見える彼女の全身に釘付けとなりました」という文脈から、大方のことを我々は想像できるが、実際にどのくらい透けていたのかはわからない。

古代エジプトの上流階級の人たちは、初期王朝時代（紀元前三〇〇〇～二六八六年頃）から高価な亜麻布を身に纏い、ビーズや金糸を使用したりとファッションを意識して工夫を凝らしていたことがわかる。ツタンカーメン王墓から出土した王の腰布は極めて上質な亜麻布でつくられていた。

「セトナの帰還」

セトナが高熱で目を覚ますと、ペニスは無事でしたが、彼は全裸のまま放置されていたのです。それは一瞬の出来事でした。その時、セトナは神輿に乗った高貴な男を見たのです。その男は足元に走っている沢山の男たちを従え、まるでファラオのように見えました。セトナは自ら立ち上がろうとしましたが、服を着ていないという恥ずかしさのため立ち上がることができなかったのです。そのファラオは「セトナよ、一体あなたはどうしてしまったのだ」と尋ねました。セトナは「すべてはネネフェルカプタハのせいなのです」と答えたのです。するとファラオは、「メンフィスに戻りなさい。子どもたちがあなたを待っていますよ。彼らはファラオの御前で並んで立っていますよ」と言ったのです。

セトナはファラオに向って、「偉大なる陛下よ、彼が太陽神ラーのごとく寿命がありますように。そして全裸のままでどうしてメンフィスに帰ることができましょうか」と言いました。するとファラオは側に立っていた召使を呼び、セトナに着るものを与えたのでした。ファラオは「セトナよ、メンフィスに帰りなさい。あなたの子どもたちは生きています。彼らはファラオの前で並んで立っていますよ」と告げたのです。

セトナはメンフィスへと帰還しました。子どもたちが無事なのを見てセトナは彼らを抱きしめました。父親であるファラオは、「あなたはすでに酔っぱらっていたのですか」と尋ねました。そこでセトナは、タブブとネネフェルカプタハと一緒にいる時に起ったことすべてを洗いざらい説明したのです。ファラオは「セトナよ、私は以前あなたに言いましたよね。もしあなたがこの魔法の書をあなたがそれを持ち去った元の場所に戻さなかったら、彼らはあなたを殺すでしょう。そう言いましたよね。あなたはその時、聞く耳を持ちませんでした。さあ手に二股の棒を持ち頭に火鉢を載せて、この魔法の書をネネフェルカプタハの元に返してきなさい」と言ったのです。

神輿に乗った高貴な男

本文のなかで登場した「ファラオ」のような様相の男は、神の化身なのか、あるいはタブブが魔法で登場させた人物なのかは判断がつかないが、神輿に乗る人物として想定可能なのは、神々（あるいは神に準じる存在）あるいは王のような高貴な人物であろう。神輿に乗ることは、単に自ら歩行する必要のない重要人物という意味だけではなく（あるいは年老いた人物というわけではなく）、汚れた不浄な地面に直接足を触れてはならないほどの聖なる存在であったことを指すものだ。日本全国で開催されるお祭りにも同様の例をみることができる。また世界各地で王や現人神が神輿に担がれて移動するさまをしばしば目にすることがある。世界的な映画祭でみられるレッドカーペットもまた同じような観念（本来の意味は忘れられている気もするが）を持つものといえるであろう。

同様に古代エジプトでは、地面と足を分かつサンダル（履物）の重要性がしばしば指摘されている。最初に古代エジプトを統一したとされるナルメル王は、有名な「ナルメル王の奉献用パレット」（図1）のなかで描かれる際に「サンダル持ち」を後ろに従えている。

ツタンカーメン王墓から黄金製のサンダルが出土している点も重要だ。神輿同様にサンダルもまた汚れた地面と聖なる人物とを隔てる役割を持っていたのである。

「ネネフェルカプタハとの再会」

セトナは手に二股の棒を持ち頭に火鉢を載せて、ファラオの前から立ち去りました。そしてネネフェルカプタハがいた墓へと降りて行ったのです。妻のイフウェレトは彼に「セトナよ、あなたを無事戻らせたのはプタハ神なのです」と告げました。ネネフェルカプタハは、「私が以前言った通りになりましたね」と言いながら笑った。セトナはネネフェルカプタハに挨拶しました。彼は墓全体を太陽神ラーが照らしていることに気づきました。イフウェレトとネネフェルカプタハは、温かく彼を迎い入れたのです。

セトナは「ネネフェルカプタハよ、困っている案件はないですか」と尋ねました。するとネネフェルカプタハは、「セトナよ、あなたもご存知のように、私の妻イフウェレトと息子のメルイブはコプトスにいる。ここにいるのは、優秀な書記によって巧妙につくられただけの存在です。困難を取り除き、そしてコプトスへと赴き、彼らをここまで連れ戻してもらえないだろうか」と言ったのです。

「私の妻イフウェレトと息子のメルイブはコプトスにいる。ここにいるのは優秀な書記によって巧妙につくられただけの存在です」という箇所から、我々は古代エジプト人の死後の観念の一端を垣間見ることができる。

墓内にみる古代エジプトの死後の観念

「トト神の魔法の書」を返しに来たセトナ・カエムアスに対して、ネネフェルカプタハは、実は以前にセトナ・カエムアスが見た妻と息子は実体のない「幻」（分身）だと告げるのである。

古代エジプトでは墓のなかに、自らを模した彫像を入れる。これはミイラとなった自らの遺体が故意に、あるいは何らかのアクシデントにより損傷したりして、魂の帰るべき場所を喪失してしまった場合のスペアであった。カイロ考古学博物館にあるネチェリケト王やカフラー王のものが有名だが、墓を持つほどの身分の高い人物であれば同様に自らの分身たる彫像を副葬したことであろう。

「妻と息子の墓を探して」

セトナは墓のなかから出て、ファラオの御前に向いました。そしてファラオの前でネネフェルカプタハが彼に言ったすべてを説明したのです。するとファラオは「セトナよ、コプトスへ行け。そしてイフウェレトと息子のメルイブを取り戻してきなさい」と言いました。セトナはファラオに「船員たちとともに王家の船を私にお与えください」と言いました。彼には船員たちとともに王家の船が用意されたのです。彼は甲板に立ち、船を操縦し、まもなくコプトスに到着しました。

　そのことはコプトスのイシス神官団とイシス大司祭に報告されました。彼らはセトナを出迎え、彼を岸へと誘導したのです。セトナは神官団のもとへとやって来ました。そして彼はコプトスのイシス女神とハルポクラテス神の神殿に参詣したのです。彼は雄牛と水鳥とワインを持ってきました。そしてコプトスのイシス女神とハルポクラテス神の面前で、焼いた生贄を捧げ、献酒を行ったのです。セトナはイシス神官団とイシス大司祭とともにコプトスの岩山に上りました。彼らはそこで三日三晩の間、生命の家の書記の石碑をひっくり返したり、それらに書かれた碑文を読んだりしながら、コプトスの岩山にあるとされるイフウェレトとメルイブの墓を探して過ごしました。しかしながら、彼らはイフウェレトと息子のメルイブが葬られた場所を発見できませんでした。

　ネネフェルカプタハには、彼らがイフウェレトと息子のメルイブが葬られた場所を発見できないことがわかりました。そこで彼は老齢の神官に姿を変えてセトナの前に現れました。セトナは彼に気づきました。セトナは老人に「あなたは年老いた風貌をしていますね。もしかして、イフウェレトと息子のメルイブが葬られた場所をご存知ないでしょうか」と尋ねたのです。老人はセトナに「私の父の父のそのまた父が私の父の父の前で「私の父の父のそのまた父が私の父の父の前で、イフウェレトと息子のメルイブが葬られた場所は、警護監督ハルシエセの自宅の南隅の側にある」と言ったことがある」と話しました。

セトナは老人に「おそらくその警護監督があなたにしてしまった悪事があって、あなたはそのことが原因で彼の自宅を取り壊させようとしているのですね」と言いました。するとその老人はセトナに向って「彼ら（船員たち）に私を見張らせ、彼らに警護監督の自宅を解体させましょう。もし彼らが彼の自宅の南隅でイフウェレトと息子のメルイブを発見しなかったならば、どうぞ私を罰して下さい」と言ったのです。

彼らは老人を見張り、警護監督の自宅の南隅においてイフウェレトと息子のメルイブの墓を見つけたのです。セトナは二人の貴人を王家の船へと迎い入れました。続いて警護監督の自宅を元通りに戻しました。そしてネネフェルカプタハは、自分がセトナにイフウェレトと息子のメルイブの墓を見つけるためにコプトスに行かせたのだという事実を警護監督へ教えたのです。

セトナは王家の船に乗り込みました。そして遅れることなく船を進め船員たち全員とともにメンフィスへと帰還したのです。そのことがファラオに報告されると、ファラオは王家の船の前までやって来ました。ファラオはネネフェルカプタハが眠る墓のなかに二人の貴人を運び込み、すべてを封印したのです。

これがセトナ・カエムアスとネネフェルカプタハ、そして彼の妻イフウェレトと息子のメルイブについてのお話しのすべてです。これは王の治世一五年の冬の第一月にパシェリによって記されたものである。

考察―神々が脇役の魔術の物語

魔術師や魔術・魔法をテーマにした物語は、古代エジプト文学のなかでしばしば描かれるものだ。特にこの「セトナ・カエムアス一世とトト神の魔法の書」は、ストーリーの奇抜さ・面白さで知られており、後世の作家たちによって書かれた文学作品に多大な影響を与えている。ヘロドトスの『歴史』や『旧約聖書』だけではなく、アレクサンダー・ロマンスやアーサー王伝説にも影響を与えたと考えられているのである。現代作家や映像にもその影響は波及し、『エジプト人』や『ミイラ医師シヌへ』で知られるフィンランドの作家ミカ・ワルタリはその典型であろう。日本では『山月記《さんげつき》』で知られる中島敦《なかじまあつし》が何らかのきっかけでこの「セトナ・カエムアス一世とトト神の魔法の書」を知り、小説の主題に用いたことがある。彼の書いた「セトナ皇子（仮題）」は、掌編ではあるが異国情緒溢れる奇譚物語であり、当時日本語訳がまったくなかったこの古代エジプトの物語を中島が知り筆を執ったことは明白である。この「セトナ・カエムアス一世とトト神の魔法の書」のストーリーは、洋の東西を問わず、世界中の様々な人々に好まれたのである。

最大の特徴は、死者を物語のなかで語らせたり、魔法の呪文が出てきたり、謎の美女が登場したり、そして最後に死者が蘇ったりと、かなりエンターテイメント性が高い仕上がりになっている点だ。作者が不特定多数の読者を意識して、このストーリーを書いたのは明らかである。死者との対話や死者の復活など、古代エジプトの来世観・死生観も垣間見られる内容となっている。古代エジプト人たちは、死者へ手紙を書いたことが知られているし（内田一九八六、大城二〇一五a・二〇一七）、来世で再生復活するとも考えていたからである。そして何よりここでは神々が脇役なのである。この点もまた古代エジプトの神話文学の特色を反映しているといえるであろう。

「ウエストカー・パピルスの物語」――魔法使いと二人のファラオ

解説とあらすじ

いわゆる「ウエストカー・パピルス」に記されたいくつかの物語のうち、ここではスネフェル王とクフ王にまつわる物語を取り上げた。それらは古王国時代（紀元前二六八六～二一六〇年頃）の有名な二人のファラオの治世の話という設定であるが、現在ベルリンにある「ウエストカー・パピルス」自体は、後の第二中間期（紀元前一六五〇～一五五〇年頃）に書かれたものである。オリジナルのストーリーはすでに中王国時代（紀元前二〇五五～一六五〇年頃）には知られており、さらに古王国時代にまでさかのぼるという指摘もある。

一つ目に紹介する物語のあらすじは、スネフェル王の王子の一人であるバウエフラーがスネフェル王の治世の魔法使いジェドジャエムアンクの行った奇跡について話すというも

表2　「ウエストカー・パピルスの物語」登場人物

バウエフラー	スネフェル王の王子，クフ王の兄弟
スネフェル王	第4王朝初代の王
ジェドジャエムアンク	魔法使い，主席朗誦神官，書記
ジェドエフホル	クフ王の王子
クフ王	第4王朝2代目の王
ジェディ	老魔法使い
レドジェデト	ラーの神官の娘

のだ。スネフェル王の治世は太平な世の中であった。そのようなある日、スネフェル王は退屈しのぎにジェドジャエムアンクの提案通り、美女たちを船に乗せてそれを眺めて楽しんでいたが、そのなかの一人が大事なお守りを水に落としてしまうのである。それを主席朗誦《ろうしょう》神官で書記でもあった魔法使いジェドジャエムアンクが魔法を使って取り戻すという話である。

二つ目の物語のあらすじは、クフ王の王子の一人であるジェドエフホルが、奇跡を起こす男として知られるジェディを、王の御前に連れてきて魔法を実施させるというものだ。クフ王に囚人の首を切り取るから、それを元通り戻すように要求されたジェディは、どのようにしてその残酷な要求に応えるのだろうか。

「美女たちの舟遊び」

バウエフラーは立ち上がり、「陛下（クフ王）の御父上であらせられる声正しき者、スネフェル王の治世に起った驚くべき出来事についてお聞かせいたしましょう。第一朗誦神官ジェドジャエムアンクが行った、これまで誰にも成し得なかった出来事です」と話し始めました。

それはある日のことでした。スネフェル王が気分転換に何かないものかと王宮内にある部屋という部屋を探し回っていました。しかし、何も見つからなかったので、王は「急いで第一朗誦神官で書記のジェドジャエムアンクをここに連れて来い」と言ったのです。まもなく彼はファラオの御前に連れて来られました。ファラオはジェドジャエムアンクに、「私は何か気がまぎれることはないかと王宮にあるすべての部屋を見て回ったが、何も見つけることはできなかった」と言ったのです。するとジェドジャエムアンクは、「陛下におきましては、王宮の池においでになり、王宮に暮らす美女たち全員を船にお乗せ下さい。さすれば、彼女たちが船を漕ぎ行き来するさまを見ることで気がお晴れになることでしょう。また美しい魚が溢れる池のなかや湖の周りの美しい草花を目にするでしょう。そうすれば陛下のお心も晴れるに違いございません」とファラオに答えたのです。それに対して陛下は、「では舟遊びをいたそう。余にエレクトラムで象嵌《ぞうがん》された白檀《びゃくだん》製の柄をした、黄金で象嵌された黒檀《こくたん》製の二〇本のオールを持って来させよ。そして形のよい乳房を持ち、髪を編み、まだ子どもを産んだことのない見目麗しき最高の美女二〇人を余の傍に連れてくるのだ。そして二〇個の網を余に持って参れ。そうしたら彼女たちに服を脱がせて、そ

図10　メイドゥムの崩れピラミッド全景

の網を着させるのだ」と言ったのです。陛下のお言葉通りにすべてがなされ、彼女たちは船を漕ぎ行き来したのです。陛下のお心はそれを見て癒されたのです。

大王スネフェルの治世は天下泰平

世界最大のピラミッドを建造したクフ王よりも大きな権力を持っていたとされているのが、彼の父であったスネフェル王である。そのスネフェルは、強大な権力を有し、それゆえに近隣諸国との軋轢《あつれき》もなく人々は平和な世を謳歌した。

彼の権力を目に見える形にしたものが巨大なピラミッドであった。スネフェル王は高さが一〇〇メートルを超える巨大なピラミッドを三基（メイドゥムの崩れピラミッド〈図

図11　ファイユームのセイラにある小型階段ピラミッド

10〉・ダハシュールの屈折ピラミッドと赤ピラミッドと小型の階段ピラミッド・ファイユームのセイラにある小型階段ピラミッド〈図11〉も建造した人物として知られている。いかに息子のクフ王のピラミッドが巨大だとはいえ、彼のために建造されたのはギザにあるたった一基のピラミッドなのだ。スネフェル王が大王と称される所以《ゆえん》である。

古代エジプトの書記とは

書記とは古代エジプトにおいて読み書きのできる男性が就くことができた高官職である（第二六王朝以降は女性の例も知られている）。古代エジプトの識字率は、おそらく人口の一〇％未満であったことから、読み書き能力は権力をもたらし、国の中枢への道を開いたのである。古王国時代（紀元前二六八六〜二一六〇年頃）以降、書記たちは自身の膝の上にパピルスの巻物を広げて置きながら、あぐらをかいて座った姿勢の彫像（図12）をつくらせた。

他の国や地域における社会構造と同じく、世襲制が幅を利かせていた古代エジプト社会であったが、書記は家柄に縛られることのない、比較的実力主義の世界であった。それゆえに書記は人々の憧れの存在であったのである。

図12　パピルスの巻物を広げて座る書記像（Schulz and Seidel 2010）

稀少金属エレクトラム

本文中でファラオが持って来させたオールの柄の部分にエレクトラムの記述がある。このエレクトラムとは、ナイル河の東に広がる東方砂漠や南方のヌビア（現スーダン）の鉱山から獲得された自然にできた金と銀の合金のことである。

エレクトラムを意味する古代エ

ジプト語は「ジャム」であるが、以前は「純金」と訳されることもあった。エレクトラムは、おそらくその特徴的な輝きのため、王朝時代においては金よりも高価であったと考えられている。

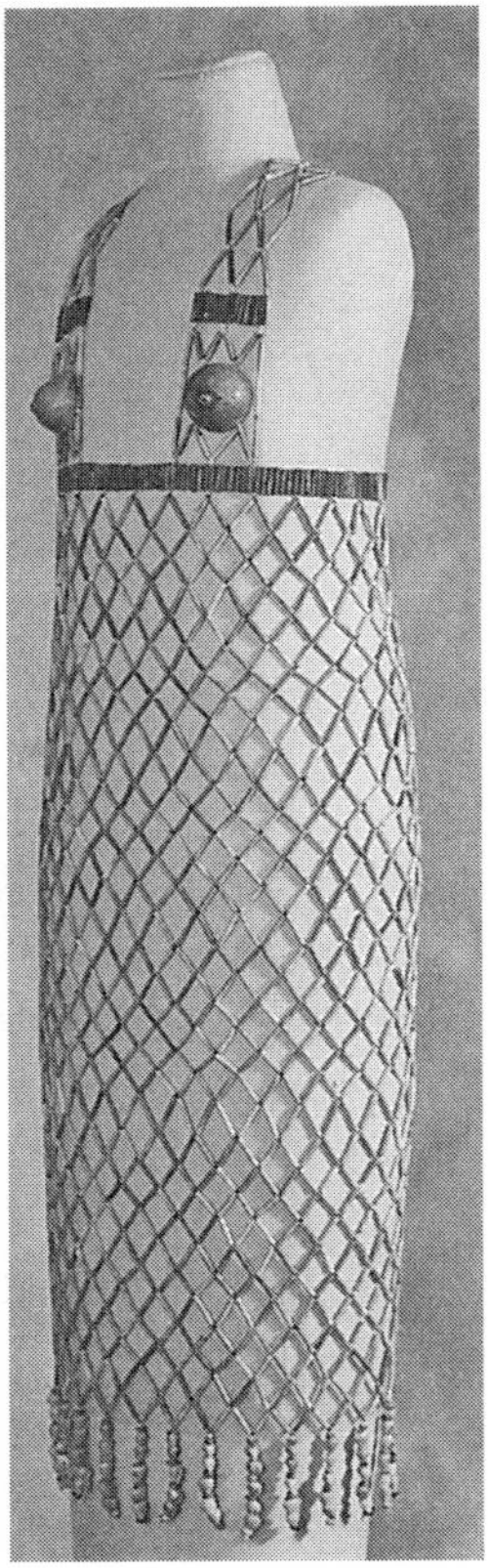

図13　網状の女性用の衣服（Harris and Pemberton 2005）

王宮の若い美女たちの服装

「彼女たちに服を脱がせて、その網を着させるのだ」という、ファラオのセリフが本文中に登場する。このことは現代社会に暮らす我々からすると一見セクハラじみた言葉と行為のように思えるが、実はビーズや管玉でつくられた網状の服は古代エジプトの女性たちに着用されていたことがわかっている。もちろん踊り子や本文に登場するような王宮の女性たちが主な対象であったのかもしれないが、壁画や現物が残っているのだ（図13）。

現在でも同様な衣装で踊るベリーダンスが盛んなエジプトは、古代においても同じような感性を男女問わず人々が持っていた可能性は高い。日本人の感覚とは根本的に異なっているのである。

「水底に沈んだトルコ石のお守り」

まさにその時、編んだ髪を櫛でとかしていた女性の一人が新しいトルコ石製の魚型のお守りを水のなかに落としてしまったのです。彼女はうつむいたまま黙り込み、オールを漕ぐのを止めてしまいました。その船の彼女の側の女性たちも皆沈黙に包まれ、船を漕ぐのを止めたのです。陛下は、「あなたはもう漕がないのですか」と尋ねました。すると彼女たちは、「漕ぎ手が黙り込み、漕がなくなったのです」と答えました。そこで陛下はその彼女に「なぜ漕ぐのを止めたのですか」と尋ねたのです。すると彼女は、「新しいトルコ石製の魚型のお守りを水のなかに落としてしまったのです」と答えました。陛下は彼女に「代わりのものを差し上げましょう」と言いました。しかし、彼女は「似たようなものではなく、私が持っていたのとまったく同じものが欲しいのです」と言いました。陛下は「第一朗誦神官ジェドジャエムアンクをもう一度ここに呼んで来い」と言い、彼は再び連れて来られたのです。そこで陛下は「第一朗誦神官ジェドジェムアンク、我が兄弟よ。余はお前が言った通りにやってみた。そして余の心は彼女たちが船を漕ぐのを眺めることで大いに癒された。しかし、漕ぎ手の一人が持っていた新しいトルコ石製の魚型のお守りが水中に落ちてしまった。彼女は黙り込み漕ごうとしなくなってしまったのだ。彼女の側にいた者たちも漕ぐのを止めてしまったのだ。余は彼女に「なぜ漕ぐのを止めたのか」と訊ねた。すると彼女は余に「水中に落としてしまった新しいトルコ石製の魚型のお守りのせいなのです」と言ったのだ。余は彼女に向って「船を漕ぎなさい。代りの物をあげるから」と言ったのだ。しかし彼女は私に「似たものではなく、私自身のものが欲しいのです」と言うのだ」と話しました。

トルコ石とファイアンス

トルコ石は古代エジプト人によって非常に好まれた不透明な淡い青色、または緑色がかった貴石である。古代エジプト人はこれを「メフカト」と呼んだ。先王朝時代（紀元前五三〇〇〜三〇〇〇年頃）から宝飾品として使用され、女神ハトホルと密接な関わりを持つようになった。ゆえにハトホルは「トルコ石の女主人」という異名を持ったのである。トルコ石を採掘するために第三王朝（紀元前二六八六〜二六一三年頃）には、すでにシナイ半島のトルコ石鉱山に国家主導の遠征隊が派遣されていたことが知られている。

一方のファイアンスは、トルコ石の安い模倣品として発展したと考えられている。石英砂、少量の石灰および植物の灰、あるいはナトロンからできている磁器の素材のことである。これらの原料を混ぜ合わせて、釉薬《うわぐすり》をかけて焼成すると、硬く光沢のある仕上がりとなる。先王朝時代からイスラーム時代まで象嵌や小物製品などに幅広く使われ、とりわけ副葬品の「シャブティ」像（図14）によく利用された。古代エジプト語では「チェヘネト」で、「眩しい」という意味である。

魚型のお守り

先史時代以来、エジプトにおいて魚は日常的な食糧であった。墓に描かれたレリーフや壁画からは、古代エジプト人たちが様々な種類の魚に関する詳細な知識、魚を捕まえるために用いた様々な手段（例えば罠・網・縄および銛）を知ることができる。富裕層はレクリエーションとして魚を捕獲したり、人工の池をつくり食用の魚を飼った。もちろん漁師は生活のために魚を捕ったのである。

しかし、一方でそれらは、神格化され崇拝の対象となることもあった。例えばティラピアの口中で稚魚を育てる習慣が豊穣の神アトゥムとの結びつきを暗示しているとされ、人々の崇拝対象となったことが知られている。オクシリンコスやメンデスの女神ハト・メ

図14　副葬品用人形「シャブティ」（Friedman 1999）

ヒトといった地方の魚の神々も知られている。

「魔法使いジェドジェムアンク」

そこで第一朗誦神官ジェドジャエムアンクは、魔法の呪文を唱えたのです。ジェドジャエムアンクは、池の水の半分を残りの池の水の上に重ね置いたのです。そして水底の壺の欠片の上にあった魚型のお守りを見つけたのでした。彼はそれを取り戻し、持ち主に返しました。今や池の水は水深が一二キュービットで、重ねられた後は二四キュービットだったのです。ジェドジャエムアンクは呪文を唱え、池の水を元通りに戻しました。陛下は王宮のすべての人々と休息を満喫しました。そして陛下は前に歩み出て、第一朗誦神官ジェドジャエムアンクにあらゆるよきものをお与えになったのです。

これがあなたの父上、上下エジプトの王、スネフェルの治世にあった奇跡であり、主席朗誦神官、文書の書記たるジェドジャエムアンクによって本当になされたことなのです。すると上下エジプトの王、クフ王陛下、声正しき者は、「上下エジプトの王、スネフェル陛下、声正しき者に対して、パン一〇〇〇斤・ビール一〇〇杯・雄牛一頭・香料二山を奉献するように。そして大きなケーキ・ビール一杯・香料一山を主席朗誦神官、文書の書記たるジェドジャエムアンクに与えるように。なぜなら余は彼の魔法の一つを目の当たりにしたのであるから」と言ったのです。そこで陛下の仰せのままにことは実行されたのでした。

古代エジプト人はパン食い人

古代エジプトでパンは主食であり、食べ物全般の象徴的存在であった。それゆえにヒエログリフで記される一斤のパンは、「供物」を意味したのである。

パンはエンマー小麦、時として大麦からつくられた。脱穀を経た実はふるいにかけられ、鞍形《くらがた》のひき臼の上で粉状にされた〈回転式の臼はプトレマイオス朝時代〈紀元前三三二～三〇年頃〉になって導入された〉。すでにイースト菌は知られていたと考えられているが、通常パンは発酵させずに窯か灰のなかで焼かれた。型はしばしばパンの成形だけでなく焼成にも用いられており、古代エジプトの集落遺跡で見つかる一般的な遺物である。パンは、目的に応じて様々な形のものがつくられた。例えば、神殿や墓に供物として捧げられたパンは一般的に細長い形をしている。

「魔法使いジェディについて」

クフ王の王子ジェドエフホルは立ち上がり、「これまでに陛下はすでにこの世にはいない人々の事例を御聞きになってきました。ただし、それが事実なのか嘘なのかはわかりかねるでしょう。しかしながら陛下よ、陛下の治世に陛下のご存知のない魔法使いがいるのです」と言いました。すると陛下は、「我が息子ジェドエフホルよ、一体どういうことなのだ」とおっしゃられたのです。

それに答えてジェドエフホルは、「それはジェドスネフェル（都市の名称）に暮らす庶民で、名前をジェディと言います。ジェディは齢《よわい》一一〇（古代エジプトでは一一〇歳まで生きることが理想とされた）ですが、いまだに一日で五〇〇斤のパンと牛肉の肩肉を食べ、ビールを一〇〇壺飲み干すのです。また彼は切り落とされた頭部を再びくっつける方法を知っていますし、綱を地面に置いたままでライオンを後ろに従える方法も知っているのです。そのうえ、彼はトト神の聖域にある秘密の部屋の数も知っているのです」と言いました。ちょうどその頃、上下エジプトの王であり、声正しき者クフ王陛下は自身のピラミッドにも同じようなものをつくらせようと、トト神の聖域にある秘密の部屋を探し続けていたのでした。陛下は「我が息子ジェドエフホルよ、あなたが彼を私のもとに連れて来るのです」と言いました。ジェドエフホル王子のために船団が用意され、王子はジェドスネフェルに向って南へと船を進めたのです。

ジェドスネフェル

スネフェル王のピラミッド建設に従事していた人々が暮らしていたピラミッド都市の名称である。ピラミッド都市とは、役人・職人・労働者等のピラミッド建設に従事する人々が生活していた都市空間のことで、ギザのヘイト・エル＝グラブ遺跡がよく知られている（斉藤二〇一九）。ジェドスネフェルとは、「スネフェル王よ、永遠に」という意味である。メイドゥムの崩れピラミッドの東側にある河岸神殿近くに埋もれている可能性が高いと考えられているが、未発見のままである。

「魔法使いジェディの登場」

船団が河岸に到着すると彼は上陸しました。そして薄い金で覆われたセスネジェム木製（シリア産の木材）の本棒を持つ黒檀製の輿に座ったのです。ジェドエフホルがジェディのもとに到着すると輿は降ろされ、彼はジェディに挨拶をするために近づきました。その時、ジェドエフホルは、彼の家の敷居にある敷物の上で一人の召使がジェディの頭部をマッサージし、もう一人が彼の足をさすっているところを目にしたのです。ジェドエフホル王子は、「老化が進み、死期と葬儀と埋葬とが近づいているにもかかわらず、あなたの健康状態はいまだ老齢に達していないかのように見えます。あなたは夜明けが来るまで眠り、病に倒れることもなく、咳をすることとすらないようですね。尊いお人よ。私がここにやって来たのは、我が父クフ王の命によりあなたをお連れするためなのです。あなたは王に仕える者だけが食べることを許される、王によって与えられる美味しいものを食べることができるのです。そして亡くなったあなたの父上のもとへ行くまで、素晴らしい時を過ごすでしょう」と言ったのです。

それに対してジェディは、「心安らかに、心穏やかにあれ、王の息子、父に愛されしジェドエフホルよ。あなたの父、声正しき者、クフ王に幸いあれ。王が要人たちのなかであなたの地位を上げて下さいますように。あなたのカーがあなたの敵と戦い、あなたのバーがあの世の入口へと続く道を知ることができますように。王の息子に幸いあれ」と述べたのです。

ジェドエフホル王子は両手を差し出し、ジェディを立ち上がらせたのです。彼はジェディを抱えながら河岸へと向かいました。ジェディは「私の子どもたちと書物を積み込む船を一艘用意して下さい」と言いました。すると彼のために二艘の船と船員たちが用意されたのでした。ジェディは、ジェドエフホル王子の乗る船でナイル河を北へと向かいました。彼が都に到着した後、ジェドエフホル王子は、報告のために上下エジプトの王クフ、声正しき者のもとに参じました。ジェドエフホル王子は、「王よ、繁栄あれ、我が君よ。ジェディを連れて参りました」と言いました。すると王は、「彼のもとに行き、すぐにここに連れて来なさい」と言ったのです。王は王宮の列柱室へとやって来ました。繁栄あれ。そしてジェディは王のもとへと通されたのです。

「カー」と「バー」とは

古代エジプト宗教において、人間や神に特別な性質・本性・気質を与える生命力のことを「カー」と呼んでいる。「カー」は高く持ち上げた両腕を意味するヒエログリフによって表現された。「カー」は人の誕生と同時に生じると信じられていた。死後も死者の「カー」は、保護と食物とが準備されている限り生き続けたのである。王の「カー」は特に重要であり、オペト祭が開催されている間、祝福され続けた。「カー」は、死すべき運命にある王を半神の支配者へと変化させながら、各王からその後継者へと変化することなく受け継がれると信じられていた（Ohshiro 2009）。「バー」は現代的な感覚でいうと個人の個性に近いものと考えられている。それは来世信仰のなかで重要な役割を担った。「バー」は「カー」と一体となり、姿を変えた魂（「アク」）となるために、墓から抜け出して旅をすると信じられていたのである。「バー」は人頭を持つ鳥（図15）として描かれ、渡り鳥たちは墓と冥界の間を飛んでいる「バー」と同一視された。古代エジプト人たちは、肉体は永遠に生き続けるために毎夜「バー」と結合されなければならないと信じていた。

図15　人頭を持つ鳥「バー鳥」(Schulz and Seidel 2010)

「王と謁見する魔法使いジェディ」

王は、「ジェディよ、どうして今まであなたに会う機会がなかったのだ」と言いました。するとジェディは、「おお君主よ、繁栄あれ。呼ばれた者だけがやって来るのです。私は呼ばれました。だからやって来たのです」と答えました。続いて王は「あなたが切り落とされた頭部を再びくっつける方法を知っているというのは本当なのか」と尋ねました。ジェディは、「その通りでございます。私はその方法を知っております。君主よ、繁栄あれ、我が主人よ」と答えたのです。王は、「監禁状態にある囚人を一人私のもとに連れて参れ。そして彼の刑を執行せよ」と言いました。するとジェディは、「いいえ、人間に対してではありません。陛下、繁栄あれ、我が君主よ。聖なる神の家畜たる人間にそのようなことをするのは許されておりません」と言ったのです。そこでガチョウが連れて来られ、首を斬られたのです。それからガチョウの胴体は列柱室の西側に置かれ、頭部は反対の東側に置かれたのです。ジェディは魔法の呪文を唱えました。するとガチョウの胴体は起き上がり、よたよたと歩き出し、頭部も同じように動き出したのでした。胴体と頭部が一緒になると、ガチョウは立ち上がり鳴き声を上げたのです。続いて王は他の水鳥を持って来させました。そして同じことをしたのです。それではと陛下はそこに牡牛を連れて来させ、その頭部を地面に切り落とさせたのです。ジェディは呪文を唱えました。すると牡牛は落ちた首がくっつき立ち上がったのです。

「魔法使いジェディの予言」

次にクフ王、声正しき者、は、「それではそなたがトト神の聖域にある秘密の部屋の数を知っているという噂についてはどうなのだ」と言いました。するとジェディは、「おそれながら、私はその数を存じ上げません、我が君主よ、繁栄あれ、我が主よ。しかしながら、それらがある場所は知っています」と言ったのです。陛下は、「それらはどこにあるのだ」と言いました。するとジェディは、「オン（ヘリオポリス）の倉庫と呼ばれている部屋にあるフリント製ナイフの収納箱がございます。そのなかにあるのです」と言いました。「では急いでここに持って参れ」と陛下はおっしゃったのです。その時、ジェディは、「我が君主よ、繁栄あれ、我が主よ。陛下にそれをもたらすのは私ではございません」と言ったのです。陛下が「誰が持って来るというのだ」と言うと、ジェディは、「それはレドジェデトのお腹のなかにいる三人の子どもたちの長男です。彼がそれを陛下にもたらすでしょう」と答えたのです。すると陛下は、「私は確かにそれを望んでいるが、レドジェデトとは一体何者か」と尋ねられました。ジェディは、「その女性は、サクブの主であるラー神のウアブ神官の妻であり、サクブの主であるラー神の三人の子どもを身籠っております。彼らはこの国全体に対する権威ある職に就き、長子はオン（ヘリオポリス）大司祭となるでしょう」と答えたのです。

その瞬間、陛下の御心は悲しみに沈みました。しかしジェディは、「どうなされましたか、我が君主よ、繁栄あれ、我が君よ。三人の子どもたちが原因なのでしょうか。私が言ったのは、あなたの息子、そのまた息子、その後の三人のうちの一人ということです」と言ったのでした。「では、レドジェデトはいつ頃出産するのだ」と王は尋ねました。ジェディは、「冬季第一月の一五日目となっております」と答えました。陛下は、「その頃には、「二匹の魚の運河」の砂州《さす》によって行く手は遮られるであろう。そうでなければ、私はそこを訪れることができたし、サクブの主たるラー神の神殿を見ることもできたであろうに」と言いました。するとジェディは、「ではその「二匹の魚の運河」の砂州の上に四キュービットの深さの水を注ぎましょう」と言ったのです。陛下は王宮へと入り、そして「ジェドエフホル王子と一緒に住むべく王子の邸宅へとジェディを向かわせよ。そしてパン一〇〇〇斤・ビール一〇〇壺・牡牛一頭と野菜の束一〇〇を割り当てよ」と言ったのでした。すべて陛下の御心のままに実行されたのです。

考察―王宮を舞台とした魔術の物語

本物語は、ギザの大ピラミッドで知られるクフ王が九人の息子たちにそれぞれ面白い話をさせるという連作短編集のような形態をとっている（神々はそこかしこで名前が登場するが、主たる登場人物たちは人間である）。

しかし現存しているのはそのうちの三人の話しだけである。残念ながら他の部分は失われてしまった（将来的に発見される可能性はあるが……）。一つの物語のなかでさらに違う物語を語るというパターンは、シェヘラザードがシャフリアール王に毎夜語る『千夜一夜物語』（アラビアンナイト）やペストを逃れた人々が順番に自前の話を披露するボッカッチョの『デカメロン』を彷彿とさせるものだ。

ストーリーのなかでは、王や王宮の様子が描かれ、当時の価値観や風俗なども知ることができる。当時の古代エジプト社会における様々な情報を得ることができるのだ。特に後半には、古代エジプト王権に関する話が飛び出すのである。「第五王朝の諸王の誕生」という別名を持つこの部分は、太陽信仰が最高潮に達する時期に起こったであろう古代エジプトの王位継承問題にふれられていることから、極めて重要な史料であると考えられている。

役人たちの旅と逃亡の物語

「ウェンアムン旅行記」——古代世界の大航海記

解説とあらすじ

「ウェンアムン旅行記」の記されたパピルス文書は、一八九〇年にテーベにとって重要な北の行政拠点であったエル＝ヒバにおいて、壺のなかに入ったまま発見された。発見例はこの一例のみであり、現在はモスクワのプーシキン博物館に所蔵されている。ヒエラティックで記されたパピルスの写し（新王国時代〈紀元前一五五〇～一〇六九年頃〉末期に編纂された可能性があり）として知られたこの「ウェンアムン旅行記」には、当時上エジプトのテーベの覇権を掌握していたアムン大司祭ヘリホルの命によって、アムン神殿の所有する船の改装用に必要な木材を買いつけるため、シリア海岸部のビブロスへと派遣されたアムン神官ウェンアムンの旅中の出来事が語られている。本来はアムン大司祭へリホルへの公の報告書として作成されたものだと考えられ

表3　「ウェンアムン旅行記」登場人物・神々

ウェンアムン	アムン神殿の前庭長
ネスバネブジェデト	第21王朝最初の王スメンデスのこと．タニスから下エジプトを統治
タネトアムン	王妃，ネスバネブジェデトの妻
ベデル	チェケル人の町ドールの王
ヘリホル	アムン大司祭で宰相，上エジプトで王を名乗る人物
チェケルバアル	ビブロスの王
ペンアムン	ビブロス王に仕えるエジプト人の家来
カエムワセト	昔ビブロスを訪れ，そこで亡くなったエジプト人
タネトニウト	エジプト人の女性の歌手
ハティバ	アラシア国の女王
アムン・ラー神	アムン神と太陽神ラーとが習合した神々の王

ているが、書き手（おそらくウェンアムン自身）の文学的センスがその報告を古代文学史上の傑作にした。ウェンアムンは道中において様々な困難に遭遇し、エジプトの東地中海沿岸地域における権威の失墜を実感するが、研究者たちはそこに描かれた内容から以前の威勢や影響力の多くを喪失してしまったエジプトの当時の政治的状況、あるいは東地中海世界の国際情勢を読み取ろうとしている。ただ「ウェンアムン旅行記」をフィクションであるとし、歴史史料として扱うことを躊躇する研究者も一定数いる。

　残念なのはこの稀代の物語史料が「未完」であることだ。しかも先記したように現時点において一例のみが発見されているだけなのである。それゆえに想像力を駆使して「結末」を論じることが誰にでも許されているのであるが、それを裏づけるための新しい史料の発見を我々は待つしかないのが現状なのである。

「ウェンアムン、出航し盗難にあう」

治世第五年夏季第四月の一六日、この日、二国の主アムン神の神殿の前庭長ウェンアムンは、巨大で高貴な神々の王たるアムン・ラーの船「ウセルハト・アムン」をナイル河に浮かべるため、木材の獲得目的で出立した。私（ウェンアムン）がネスバネブジェデトとタネトアムンのいるタニスに到着した日、私は彼らに神々の王アムン・ラーからの神勅を手渡した。彼らはその場でそれに目を通したのだ。彼らは、「神々の王、我が主アムン・ラーの御心のままにいたしましょう」と述べたのです。私はタニスで夏季第四月末まで過ごしました。その後、ネスバネブジェデトとタネトアムンは、私をメンゲベト船長（シリア人）と一緒に派遣してくれたのです。私は夏季（日付が逆行していることになるため、「夏季」は「氾濫季」の誤写であったと考えられている）第一月の一日に大シリア海へと出航しました。

チェケル人の町であるドールに到着すると、そこの王ベデルは、五〇斤のパン・一甕のワイン・牡牛のもも肉を私のもとに持って来たのです。その際に私の船員の一人が五デベンの金製の壺一個と二〇デベンの銀製の水差し、そして一一デベンの銀が入った袋を持ち逃げしてしまったのでした。彼が盗んだ総額は、金五デベン・銀三一デベンにもなったのです。

私は目覚めると王のもとに行き、彼に対して「私はあなたの港で盗難にあってしまいました。あなたはこの国の王であり、裁判官でもあるのでしょう。私の銀を探してください。真にそれは神々の王、二国の主たるアムン・ラーのものなのです。そしてネスバネブジェデトのものであり、我が君主ヘリホルのものであり、エジプトのその他の有力者たちのものなのです。そしてそれはあなたのものでもあり、ウェレト（ウェレトは都市国家ティルスあるいはそこの支配者の名前を指している可能性がある）のものであり、メクメル（メクメルは都市国家シドンあるいはそこの支配者の名前を指している可能性がある）のものであり、ビブロスの王チェケルバアルのものでもあるのです」と言いました。

するとベデル王は私に対して、「本気で言っているのですか。ご冗談でしょう。ここであなたが言った主張を私は理解できません。もし私の国の泥棒があなたの船に乗り込み、あなたの銀を盗んだのであれば、彼の名前が何であったとしても、泥棒が見つかるまで、私は私自身の宝庫からあなたにそれを支払うでしょう。しかし実際には、あなたのものを盗んだ泥棒はあなたに属しており、あなたの船員なのですよ。私が彼を探すので、二、三日ここでお過ごし下さい」と言ったのです。

私は港に停泊して九日間過ごした後、王のもとを訪れ、「それ見たことか。あなたは私の銀を見つけられなかったではないですか。どうか私を船長と船員共々出航させて下さい」と告げたのです。しかし、王は私に「黙りなさい。もしあなたが銀の発見を望むなら、私の言葉に耳を傾け、私の言う通りにしなさい。その場所から離れてはなりません。あなたは彼ら（船員たち）の持ち物を取り上げ、彼らが港であなたのものを盗んだ泥棒を見つけ出すまで、補わせるべきなのです。今からこのやり方を実行すべきですよ」と言ったのです。しかし私は出発しティルスに到着しました。

古代エジプトの暦と増水季

一九七一年にアスワン・ハイ・ダムが完成するまで、エチオピア高原の雨季がもたらす増水のために毎年定期的にナイル河両岸に水が溢れる現象が起っていた。

このナイル河の氾濫は古代エジプトの暦では一年の始まりを意味し、河の水位の上昇は、六月後半にまずアスワンで確認され北へ広がり、九月にメンフィスでピークに達した。また年間の農業サイクルは氾濫の時期に基づいて決められた。あふれた水は氾濫原を越えて広く行き渡ったので、養分を含む沈泥（シルト）が堆積し土壌を豊かにした。農業国家であったエジプトの基盤として増水季は必要なものであった。

「ビブロス王のチェケルバアル」

その後、夜明けとともに私は、ビブロスの王チェケルバアルに会うためティルスから出航したのです。そこで一艘の船を見つけました。その船のなかで私は三〇デベンの銀を見つけ、それを奪取したのです。私はその船の船長に、「私はあなたの銀を自分のものとしました。それを盗んだ泥棒を見つけるまで、それは私のもとに置いておくつもりです。あなたが私の銀かのものを奪ったのでなく、ただそれを保管しておくだけだ。私はあなたの言うことを聞くべきなのだ」と言ったのです。

彼らは出航し、私はビブロスの港の海岸にある天幕のなかで自らの勝利を祝ったのでした。私は「道のアムン」の神像の隠し場所をつくり、そのなかに彼の持ち物を置きました。ビブロスの王は、私に「港から出て行きなさい」という言葉を使者とともに送って来ました。そこで私は彼に「私にどこに行けというのか。もしあなたが船の行先を決めることができるなら、私をエジプトに帰して下さい」という言葉を使者とともに送ったのです。私は港で二九日間過ごしました。その間、彼は毎日のように私に対して「港から立ち去れ」という言葉を使者とともに送って来たのです。

さて、ある日ビブロスの王が神々に捧げものをしていると、神が神官を捕らえ、彼に憑りついたのです。そしてその憑りつかれた神官は王に「神を祀り上げよ。神を運ぶ使者を連れて参れ。彼を遣わしたのはアムン神である。ウェンアムンを来させたのはアムン神である」と告げたのです。神官が夜に憑りつかれている間に、私はエジプト行きの船を探し出し、そこに私の荷物をすべて載せてしまっていたのです。誰の目からも神を隠くすべく、私は神像を外に持ち出すために日の暮れるのを待っていました。すると港を監督する長官が私のもとにやって来て、「明日まで待つようにと、王が言っている」という言葉を伝えたのです。そこで私は彼に「あなたは毎日のように「港から出ていけ」と私に言い続けた人ですよね。なのにあなたは今私に今夜ここに留まれというのですか。私が船を出発させたら、戻るように言ったり、また「立ち去れ！」とか言い出したりするのではないですか」。すると長官は王のもとに行きそのことを伝えた。すると王は船長に「明日まで待て。そのように王が言っているではないか」と述べたのです。

　朝が訪れると、王は使者を送り、私を王の元へ連れて来させたのです。神像は海岸にある王がいる天幕のなかで鎮座していました。私は王が上段に座っているのに気づきました。王は窓に背を向けており、王の頭の後ろには大シリア海の波が激しく打ち寄せていたのです。私は王に「アムン神のご加護がありますように」と言うと、彼は私に「あなたがアムン神のおられる所からやって来て今日で何日が経ちましたか」と尋ねました。「ちょうど五ヵ月になります」と私は答えたのです。すると王は私に「あなたが真実を語る者であるならば、あなたが預かっているというアムン神からの神勅は一体どこにあるのでしょうか。あなたが預かっているアムン大司祭からの書簡はどこにあるのでしょうか」と尋ねたのです。それに対して私は「私はそれらをネスバネブジェデトとタネトアムンに渡しました」と答えました。その途端に王は怒りだし、私に「それではやはり、あなたは神勅も書簡も手元にないのですね。ネスバネブジェデトがあなたに与えた杉材を運ぶための船はどこにあるというのですか。シリア人の船員たちはどこにいるのですか。彼（ネスバネブジェデト）があなたを外国人の船長に預けたのは、あなたを殺害して海に投げ入れるためではないのですか。いったい誰から神は求められているのでしょうか。あなたもまた誰から求められているのでしょうか」と言ったのです。

私は王に「私の船はエジプトの船ではないとでも言うのでしょうか。ネスバネブジェデトの命令で船を漕ぐ人々はエジプト人船員ではないとでも言うのでしょうか。彼らはエジプト人であり、シリア人の船員ではないのです」と言いました。それに対して王は「二〇艘もの船が我が港に停泊しているが、それらはネスバネブジェデトと交易をしていないとでも言うのでしょうか。あなたが通過したシドンにもウエルケテルとも交易し、そして彼（ネスバネブジェデト）の邸宅まで輸送している五〇艘の船があるのではないでしょうか」と言ったのです。

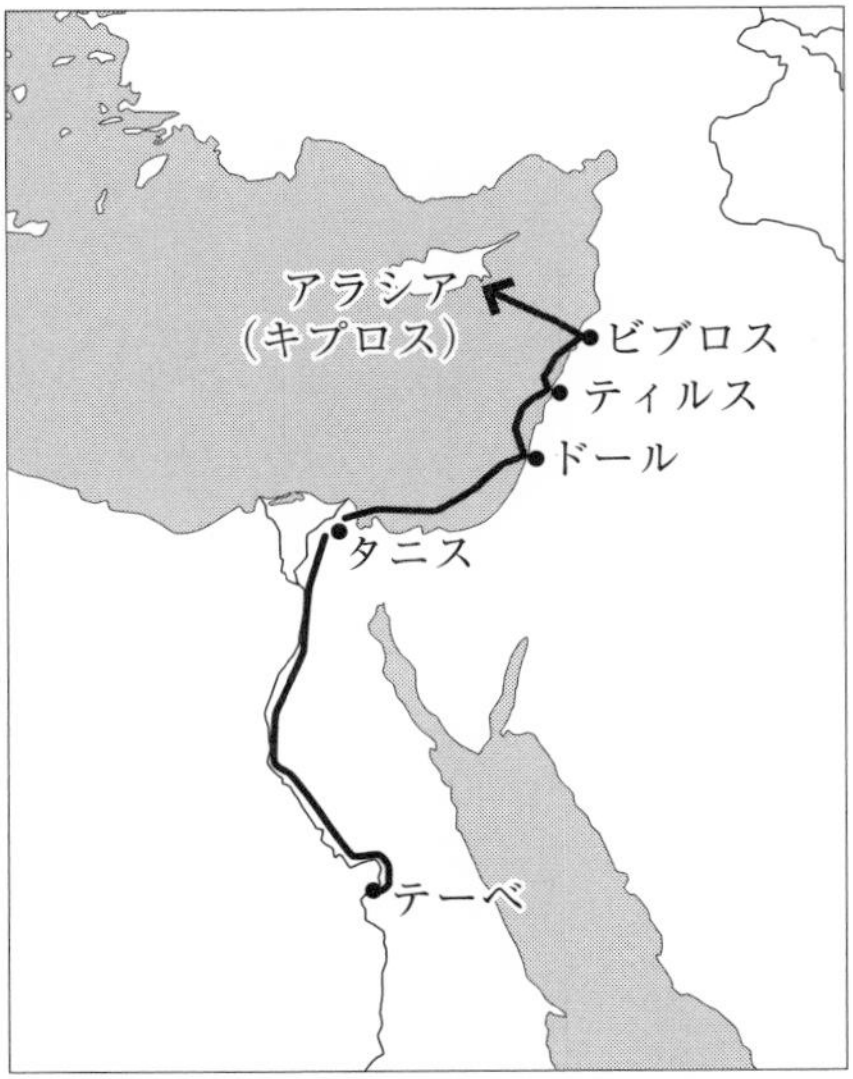

図16　ウェンアムンの航路

ビブロスとエジプトの関係

ビブロスは古代からその名が知られた港湾都市である（図16）。新石器時代には集落が確認されており、エジプトとのつながりは初期王朝時代（紀元前三〇〇〇～二六八六年頃）にまでさかのぼる。交流は古王国時代（紀元前二六八六～二一六〇年頃）以降さらに活発となり、中王国時代第一二王朝（紀元前一九八五～一七七三年頃）頃になると、ビブロスの支配者は極度にエジプト化していった。新王国時代（紀元前一五五〇～一〇六九年頃）のアマルナ文書には、軍事同盟を求めるビブロスの支配者からの手紙が含まれていた。

しかし、新王国時代の終わりにはエジプトからの影響力は低下し、第三中間期の第二二王朝（紀元前九四五～七一五年頃）以降は親密な交流の証拠が途絶える。ビブロスはシドンやティルスといった東地中海沿岸のフェニキア人の港湾都市との競争に敗れ重要性を失っていった。

「ウェンアムンとチェケルバアルの対話」

私は永い間、茫然自失の状態でした。するとビブロスの王は再び「何の用があって、あなたはここにやって来たのですか」と尋ねてきたのです。そこで私は王に「私がやって来たのは、神々の王であるアムン・ラーの偉大で高貴な船の建造用の材木を求めてです。あなたの父上がやってくれたように、そしてあなたの祖父もやってくれたように、あなたにもまたそうして欲しいのです」と答えました。それに対して王は、「確かに彼らはそのようにしました。もしあなたがそれに対して対価を支払うならば、私も同じようにするでしょう。事実、私の祖先たちはこの依頼を実行してきました。しかし、それはファラオ、生命よ、繁栄し、健康であれ、がエジプト製品で満載の六艘の船を送って来て、倉庫のなかに積み荷を降ろしてからのことです。私の番になって、あなたは一体何を持ってきたというのか」と言ったのでした。

王は彼の祖先たちの日誌を持って来させ、それを私の目の前で読み上げたのです。銀一〇〇〇デベンと様々な品物がそこには記されていました。そして王は私に「もしエジプトの支配者が私の財産の所有者であり、私も彼の召使であるのなら、「アムン神からの依頼を遂行せよ」と言うために銀と金を贈る必要はなかろう。むしろそれは父に対して贈られた贈り物なのではないでしょうか。私はあなたの召使だとでも言うのでしょうか。あるいはあなたを派遣した者の召使とでも言うのでしょうか。私がひとたびレバノンに向って叫べば、空は開き、材木は浜辺に打ち上げられるのです。エジプトに持ち帰る材木を積んだあなたの船を進めるために持って来た帆を私に渡しなさい。私があなたのために切り倒した材木であるレバノン杉を船に縛りつけるために、あなたが持って来たロープを私に渡してみなさい。もし私があなたの船の帆をつくったとしても、帆桁《ほげた》が重くなりすぎて壊れてしまうでしょう。そしてあなたは海の真ん中で溺れ死ぬでしょう。見よ、アムン神はセト神を側に置いて以来、空に雷鳴をとどろかせることができるのだ。アムン神はすべての国を創造した。アムン神はあなたがやって来たエジプト国を最初につくった後に他の国々をつくったのだ。技術がそこから私の国にもたらされただけではなく、知識もまたもたらされたのだ。それなのにあなたが行ったこの馬鹿げた航海は一体何なのだ」と言ったのです。

しかし、私は王に「それは違います。私がやったのは馬鹿げた航海などではございません。ナイル河にはアムン神のものではない船などないのです。海はアムン神のものであり、あなたがあなたのものだと言うレバノンもまたアムン神のものなのです。それは土地を維持し拡大していくすべての船の主であるウセルハト・アムン（アムン・ラーの船）のものなのです。真に神々の王であるアムン・ラー神は、我が主ヘリホルに私を派遣せよと言い、この偉大なる神像（道のアムン）を持たせたのです。しかし、あなたはこの偉大なる神像をあなたの港で二九日間も繋留させたのです。この神がそこにいるのか、いないのかも知らずに。あなたは主人たるアムン神がレバノンと交渉するために待機しているのです。過去の王たちがかつて銀と金を贈ってくれていたというあなたの言い分は、もし彼らが生命と健康とを持っていたならば、彼らはそのような品物を贈ることはしなかったでしょう。生命と健康の代わりに、彼らはあなたの祖先たちにそのような品物を送っていたのです。そして神々の王たるアムン・ラー神は、生命と健康の主であり、あなたの祖先たちの主なのです。あなたの父や祖父はアムン神に供物を捧げながら一生を過ごしたのです。だからあなたもまたアムン神の召使なのです。もしあなたが「わかりました。アムン神のためにそのようにいたしましょう」と言い、その命令を遂行するならば、あなたは生命を得て、繁栄し、健康で、そして、あなたの国全土とあなたの国民に有益なる者となるでしょう。あなたは神々の王であるアムン・ラー神のものを何ひとつとして欲しがってはならないのです。真にライオン（アムン・ラー神）は自身のものを愛します。あなたの書記を私のもとに連れて来なさい。私は彼をアムン神が彼の国の北部を任せた軍司令官ネスバネブジェデトとタネトアムンのもとへと送りましょう。彼らは必要なものすべてをもたらすでしょう。私は「私が南部（テーベ）に戻るまで、それを貸しておいてくれませんか。後ほどあなたに帰すべきものはすべてお返しするつもりです」という言葉とともに彼を二人のもとに遣わすでしょう」と言いました。

エジプトからビブロスへは、王家主導の遠征隊が定期的に派遣されたが、それは主として船の建造目的の大型建材が求められたからである。なかでもレバノン杉は、船の建造のみならず最上級の棺と家具製作用としても古代エジプト人たちに好まれた。

大型建材レバノン杉とは

最古の接触の証拠として、第二王朝のカーセケムウイ王の名前が記された石製容器の断片がビブロスの神殿で発見されている。古代エジプトの年代記の一つであるパレルモ・ストーンに記されているように、古王国時代第四王朝のスネフェル王（紀元前二六一三〜二五八九年頃）がレバノン杉を求めて遠征隊を派遣したことは、レバノン沿岸部との継続的な交易活動の重要性を示している。

「エジプトからの贈り物と帰国準備」

王は私の書簡を彼の使者の手に渡し、竜骨・船首部分・船尾部分を四本の切り出した他の材木と一緒に、合計七本を船に積み込み、それらをエジプトに送ったのです。エジプトに行った彼の使者が冬季第一の月にシリアにいた私のもとに戻って来ました。ネスバネブジェデトとタネトアムンは、黄金製の鉢四個と壺一個・銀製の鉢五個・王の亜麻布製の衣服一〇反・良質の薄い亜麻布一〇反・柔らかい亜麻布で編んだ敷物五〇〇枚・ウシの皮五〇〇枚・ロープ五〇〇本・レンズマメ二〇袋・魚三〇籠を送ってくれたのです。おまけに彼女（タネトアムン）は、良質の薄い亜麻布の衣服五反・良質の薄い亜麻布五反・レンズマメ一袋・魚五籠を私のために送ってくれたのです。このことでビブロス王は喜び、三〇〇人の男たちと三〇〇頭の牡牛を選び出し、彼らに材木を切り出させるために監督官たちを任命したのです。彼らは木を切り倒し、冬の間中そこに置いたのです。

夏季第三の月に木材は海岸へと運ばれ、王は外に飛び出し、その上に立ったのです。彼は私に使いを送り、「こっちに来るように」と言いました。ちょうど私が彼の側に近づいたとき、王のスイレン製の扇が私の方に落ちてきたのです。するとエジプト人の家来であるペンアムンが「あなたの主であるファラオ、生命よ、繁栄し、健康であれ、の影があなたに落ちて来ましたよ」と言って、間に割って入って来たのです。その時、王は怒りながら、「彼を放っておきなさい」とペンアムンに言ったのです。私が王の側に近づくと彼（王）は振り向いて、私に「見よ。私の祖先たちがかつて行った任務を。私も同じことをしたのです。あなたはあなたの祖先たちがやってくれたことを私にはしてくれませんでしたが。見よ。あなたの最後の材木が到着し積み上げられましたよ。私が望むように、材木を積むためにやって来なさい。そうでないと彼ら（三〇〇人の男たち）はあなたにそれを渡さないかもしれません。海の恐ろしさを見るためだけにやっては来るな。もしあなたが海の怖さを見るのなら、あなたは私自身の怖さと対峙することになるでしょう。真に私はカエムワセトの勅使に行ったことをあなたにはしなかった。彼らはこの国で一七年間過ごし、彼らの官職のままで亡くなったのだ」と言ったのです。そして彼は家来に「彼（ウェンアムン）を連れて行って、彼らが眠る墓を見させよ」と言いました。

しかし、私は彼（王）に「それを見るにはおよびません。彼があなたに派遣した勅使は人間であり、カエムワセト自身も人間なのです。あなたは「行け、そして仲間を見ろ」と言いますが、彼の勅使の誰一人としてあなたのものではありませんよ。あなたはあなた自身の石碑を建てるように、喜ぶことができないのでしょうか。その石碑の上に「神々の王たるアムン・ラー神が私に「道のアムン」（神像）、彼の勅使、生命よ、繁栄し、健康であれ、を神々の王たるアムン・ラー神の偉大で高貴な船用の木材を求めてやって来た人間の勅使たるウェンアムンとともに送ってくれた。私はそれを切り倒し、船に積み込んだ。私はそれに私自身の船と船員たちをつけてやった。私は彼らをアムン神から本来の私の寿命よりも五〇年長くいただくためにエジプトに行かせた」と刻めないのですか。そうするならば、いつの日にか文字を熟知した勅使がエジプト国からやって来た際に、彼はその石碑の上にあなたの名前を見つけ読むでしょう。その時あなたは西方（冥界）にいる神々と同じように西方の水を受け取るでしょう」と言ったのです。

すると王は私に「あなたが私に与えてくれたのは素晴らしい助言である」と言ったのです。そこで私は王に「あなたが私に話した多くの事柄に関しては、もし私がアムン大司祭の所に戻り、彼があなたの成し遂げた成果を見るならば、それはあなたに利益をもたらすであろう」と言いました。

「チェケル人の報復」

私は材木が積まれた海岸へと向かうと、「彼（ウェンアムン）を取り押さえろ。彼のどの船もエジプトへ行かせるな」と言いながら海からやって来る一一艘のチェケル人の船を見たのです。その時、私は崩れ落ち泣き出してしまいました。王の書記が私のもとにやって来て、「どうしたのですか」と尋ねました。私は彼に「あなたはエジプトへ二度目に下って行く渡り鳥たちが見えないのですか。涼しい場所に旅立つ鳥たちをご覧なさい。どれほど長く私がこの地に取り残されていることか。あなたには私を捕らえようとやって来る人々が見えないのですか」と言いました。

書記は王のもとに行きそのことを話しました。すると王は彼（ウェンアムン）に告げられた酷い言葉ゆえに涙を流したのです。王は書記を私へと遣わし、私にワイン壺二個とヒツジ一頭を持って来てくれました。そして王の側にいたエジプト人の女性の歌い手であるタネトニウトを私のもとに寄越し、「彼のために歌え。彼の心を不安にさせるな」と言ったのです。王は私に「食べなさい。飲みなさい。心を不安にさせるな。明日になればあなたは私が言わねばならないことを聞くでしょう」という言葉をくれたのです。

朝がやって来ると王は会議を開き、その中心に立ち、チェケル人に「あなた方の旅の目的は何だ」と尋ねました。それに対して彼らは、「我々がやって来たのは、あなたが我々の敵と一緒にエジプトへと送ろうとしているいまいましい船の追跡のためです」と答えたのです。すると王は彼らに「私には私の国においてアムン神の勅使を捕らえることはできないのだ。彼を見送らせて欲しい。その後あなた方は彼を捕まえるために追いかければよいではないか」と言ったのです。

エジプト人女性歌手と音楽

古代エジプトの祭事・宗教儀礼において、音楽は重要な役割を担っていた。あらゆる時代の墓の装飾には、カスタネット（図17）やフルートといった楽器の演奏者たちが描かれている。さらに太鼓やタンバリンなどの打楽器、笛・トランペットなどの管楽器およびハープなどの弦楽器が古代エジプトでは知られていた。ツタンカーメン王墓から発見されたトランペットは特によく知られている。楽譜はプトレマイオス朝時代（紀元前三三二～三〇年頃）初期まで確認されていない。

ハトホルとイシスの神殿で重要な役割を果たしたシストラム（後述）演奏者たちが男女混合か女性だけで描かれることから考えると、ここでエジプト人女性歌手が登場すること

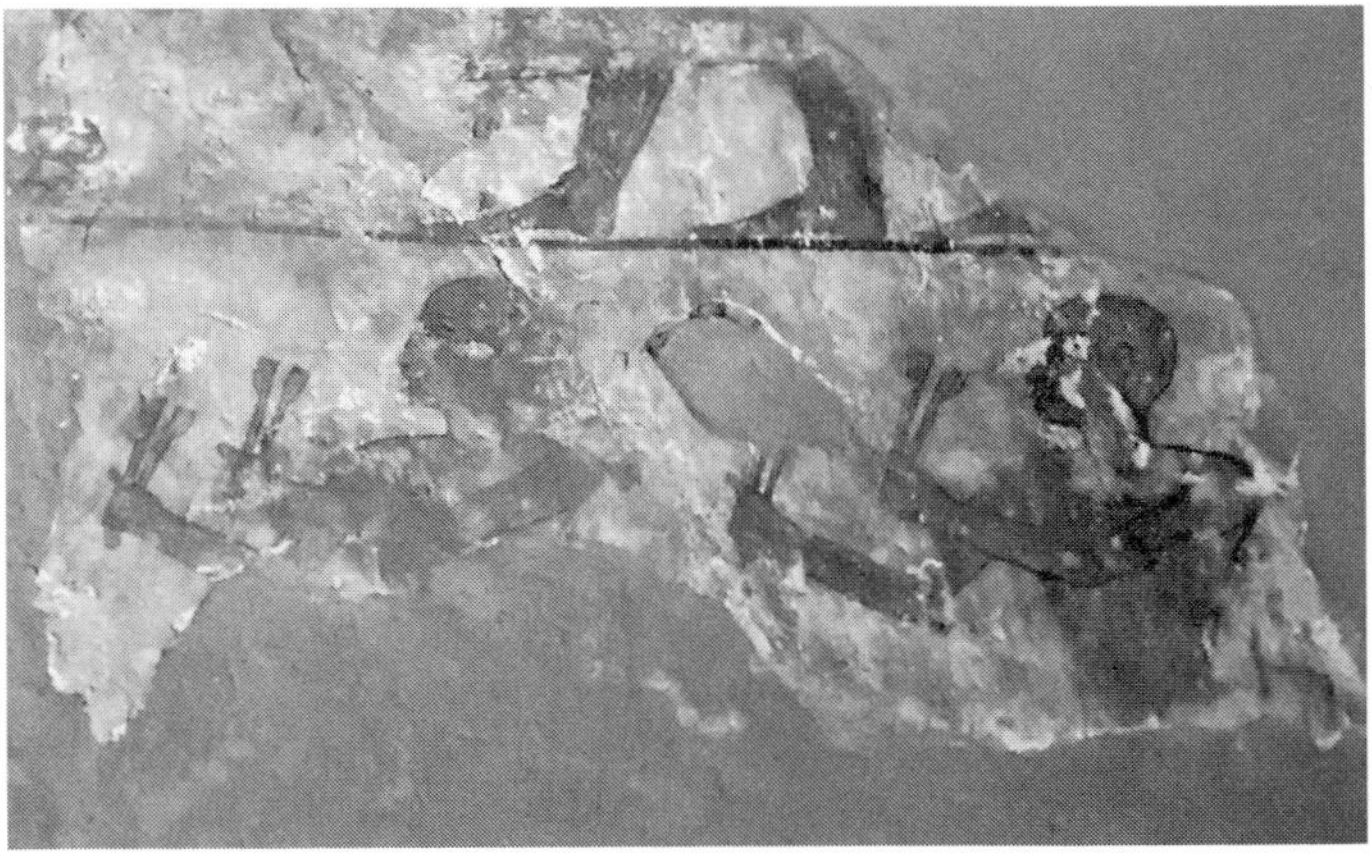

図17　カスタネットで音を鳴らす奏者

は奇異なことではない。

「ウェンアムン、ビブロスを発つ」

そこで王は私を船に乗せ、港から私を送り出したのです。風は私をアラシア国へと運んでくれました。そこの町の人々は私を殺そうとやって来ました。そこで私は彼らの間をすり抜けて、町の女王ハティバのいる場所まで進んだのです。私は彼女が一つの家からもう一つの家に移ろうとしていた時に彼女に会いました。私は彼女に挨拶をし、彼女の側に立っている人々に「あなた方のなかにエジプト語がわかる方はおられないでしょうか」と訊ねました。するとそのなかの一人が「私はエジプト語がわかります」と答えたのです。そこで私は彼に「「あらゆる町で不正が行われているが、私はアラシア国では正義が行われていると遠くアムン神のおられる場所でも聞いたことがあります。しかしここでもやはり不正が毎日行われているのですね」と女王に申し上げて下さい」と言いました。

するとと彼女は「あなたは何のことを言っているのですか」と言ったのです。そこで私は「もし海が荒れて、風が私をあなたのいる国へ運んだ場合に、あなたは彼らに私を殺させるのでしょうか。私はアムン神の勅使であるのに」と答えたのです。見よ、彼らはひっきりなしに私を探し続けています。彼らが殺すために探しているビブロス王の船員たちについても、反対にあなたの一〇人の船員たちをビブロス王が見つけて殺すようなことをするでしょうか。そこで女王は人々を集めて問うた。彼女は私に「ゆっくり休みなさい」と言ったのです（未完）。

アラシア国とは

アラシアは現在のキプロス島に相当すると考えられている。第二中間期（紀元前一六五〇〜一五五〇年頃）から新王国時代の第一九王朝（紀元前一二九五〜一一八六年頃）までエジプトと交易上強いつながりがあり、外交文書である「アマルナ文書」に登場することで知られる。キプロスの主要な輸出品は銅鉱石から取り出した銅であり、トルコ沖のウルブルンで沈んだ難破船からは、銅塊やエジプトの金細工が発見されている。

エジプトとの交流は、海の民によるキプロス襲撃が原因で中断したが、末期王朝時代の第二六王朝（紀元前六六四〜五二五年頃）にアプリエス王がキプロスに対して軍事遠征を行い、結果的にプトレマイオス朝の支配下に入ったことが知られている。

考察―未完のフィクションかノンフィクションか

この「ウェンアムン旅行記」は未完であり、残念ながらここまでしか本文は残っていない。そのため主人公ウェンアムンがこの後無事にエジプトに帰国したのかどうかすらも不明なのである。彼がビブロスを発ちアラシアへ向かったのが、夏季第三の月であったことを考慮するならば、それは地中海航海のベストシーズンであり、ウェンアムンは無事に故郷に帰還した可能性が高い。ただし物語の続きがあったとするならば、ウェンアムンはアラシアを発ち西方のギリシア世界へと向かったと想定される。古代から中世にかけて東地中海世界で主に利用されたエジプトからの交易ルートは、東地中海沿岸の都市を経由しながら船を北に進めるというものであったからである。ウェンアムンがとった経路も東地中海沿岸の都市ドールからティルスを経由して目的地であるビブロスに向かうというものであった。これは東地中海特有の自然環境を活かした方法であった。東地中海ではキプロス島を中心に季節風も潮流も反時計回りに動いているからだ。

同じ季節風と潮流を利用して反時計回りの交易路で、エジプトからの荷物を積載し、紀元前一四世紀後半にアラシアへと向かったが、南トルコのウルブルン岬沖で難破したと考えられている、いわゆる「ウルブルンの沈船」の発見以降（大城二〇一二）、「ウェンアムン旅行記」の記述の信憑性はさらに高まっている。

「シヌへの物語」――ある逃亡者の記録

解説とあらすじ

古代エジプト文学史上最高傑作との呼び声が高いのが、この「シヌへの物語」である。中王国時代（紀元前二〇五五～一六五〇年頃）に成立し、その後一〇〇〇年間ほど語り継がれた。主人公シヌへが自らの半生を語る自伝形式で構成されている。この物語のストーリーが記されたパピルスやオストラカ（陶片）はこれまでに数多く発見されている。ゆえにストーリーの全貌が明らかなのである。この事実は「シヌへの物語」が単に古代エジプト人たちに好まれていたというだけではなく、書記たちの教材として使用されていたことを意味する。古代エジプトの学校の指定教科書のなかに収録されていた有名な話なのだ。

主人公であるシヌへはエジプト人のそこそこ名の知れた高官であったが、あるときクー

表4　「シヌへの物語」登場人物・神々

シヌヘ (ベドウィンの首長シメヒト)	エジプト人の高官
センウセレト	古代エジプト王，アメンエムハト1世の息子で後継者．即位名ケペルカラー
アメンエムハト	古代エジプト王，即位名セヘテプイブラー
アムシンエンシ	上レテヌの族長
イエメトの女主人	異国の女王
プントの女主人ウレレト	プントの女王
ケデム国のメキ	現在のシリアにあるテル・エル＝ミシェリフェに相当するカトナの君主
ケシュ国のケンティウワシュ	レヴァントの山岳民族
フェンクウのメヌス	フェニキア諸都市を束ねる君主
セクメト女神	疫病をもたらす，あるいはそれを防ぐとされた雌ライオンの女神
モンチュ神	ハヤブサの頭部を持ち，太陽円盤と2つの羽飾り頭に載せた戦争の神
タイト女神	織物や布の神であったことから，ミイラ製作とも関連している神
ソベク・ラー神	新王国時代にソベク（ワニ神）とラーとが融合し，ソベク＝ラーとなった太陽神
ホルス神	王権と密接に関連するハヤブサの神．王はホルスの地上における生まれ変わり
アトゥム神	古代エジプトの創造神であり，最古の都市の1つ．ヘリオポリスの9柱神の1柱
ソプドゥ神	パレスティナとのエジプト東の国境を擬人化したハヤブサ神
ネフェルバウ神	ソプドゥ神に従う東方の神
セムセル神	ソプドゥ神に従う東方の神
ヌウト女神	毎夕沈む太陽を飲み込み，そして毎朝再びそれを産み出すという天空の女神
ハロエリス・ラー神	「年長のホルス」とも呼ばれるハロエリスと太陽神ラーが習合した神

デターに関する情報を偶然耳にしてしまう。すぐに国が未曽有の大混乱に陥ることを予感した彼は、恐怖でパニックに陥ったのである。そしてその政変から逃れるために急いで故郷エジプトを離れ、紆余曲折の末、異国で暮らすことになる。その後、その地で認められ成功を手にするが、死期が近づくにつれて望郷の念が起こり帰国を決意するのである。当時のエジプト王へ帰国の嘆願がなされ、無事シヌへはエジプトへ戻ることができたというストーリーだ。またこのなかで描かれた王アメンエムハト一世の崩御が歴史的事実を反映しているとして、「シヌへの物語」は歴史史料としても価値が高いと考えられている。

「貴きファラオの死」

先祖代々貴族で司令官、そしてアジア人の国々における主君の土地の監督官であり管理者、真に愛されし王の友であり、従者であるシヌへは次のように語った。私は主君に仕える従者であり、王のハーレムおよびクヌムスウトに暮らすセンウセレトの王妃、寵愛されし者とカーネフェルに暮らすアメンエムハト王の王女で誉れ高き土地の所有者であるネフェルの下僕であった。

治世第三〇年、洪水季第三の月第七日に、神は地平線上にのぼったのである。上下エジプト王セヘテプイブラーは、空を突き抜け、太陽円盤と重なり、神の肉体は彼を創造した者と一体となったのだ。王都は沈黙に包まれ、人々の思いは沈み、二つの巨大な門は閉じられてしまった。臣下たちは膝を抱え込み、貴族たちは嘆き悲しんだ。その時、陛下はチェメフウ国に対し、長子であるよき神センウセレトを軍隊とともに指揮官として派遣していた。彼は異国を討ち、チェヘヌウにいた人々を叩くために遣わされたのであった。そして今、彼はチェヘヌウ人の捕虜と数えきれないほどの数の多種多様な家畜を持ち帰りながら帰還の途中にあった。王宮の人々は宮廷で起こった事件を王子に知らせるために西方地域へと使者を送った。使者たちが夕暮れに彼に追いつき、彼を途上で見つけた時、彼は一瞬もためらわなかった。ハヤブサ（センウセレト王子）は、彼の軍隊にそのことを知らせることもなく、すぐに従者たちとともに飛び立ったのだ。

上下エジプト王とは

エジプトはその地理的自然環境の違いから、現在のエジプトの首都カイロを境に南方の上エジプトと北方の下エジプトとに分けられる。上エジプトは、「ナイル河谷」と表現されるようにナイル河と東西の河岸段丘からなり、一方の下エジプトは、何本ものナイル河の支流が東西に広がる「デルタ地帯」を特徴としている。紀元前四〇〇〇年紀後半、それら両地域においていくつかの小国が生まれ、それらがパワーゲームを繰り返しながら、やがて上エジプト王国と下エジプト王国が誕生したのだと考えられている。

その伝統が王朝時代にも継承され、上下のエジプト王国を統一した古代エジプト王は、「上下エジプト王」という形容辞を持つのである。

チェメフウとチェヘヌウ

チェメフウは、上エジプトおよびヌビアの西方のリビア南部を指していた。もう一つのチェヘヌウは、ナイル河の北西に当たるファイユームに至るまでのリビア北部に対する一般名称であった。つまり両者ともリビア人あるいは彼らの国を意味する言葉なのである。

古代エジプト最古の資料の一つであるナルメル王の円筒印章には、リビア人捕虜の集団を打ちすえる王が描かれているが、それは彼らがエジプトの歴史の初期から典型的なエジプトの敵であったことを意味している。新王国時代（紀元前一五五〇～一〇六九年頃）になると、リビア人たちはメシュウェシュ（あるいはマ）やリブと呼ばれた。彼らの末裔は第三中間期の第二二王朝および第二三王朝にはエジプト王を名乗り、デルタ地域で権力を手に入れた。

ハヤブサが王子とは

ここで述べられたハヤブサとは、ハヤブサの頭部を持つ王権の神ホルスのことを指している。また、古代エジプト王はホルスの地上における生まれ変わりとみなされてもいた。カイロ考古学博物館にあるカフラー王の座像の王の後頭部に留まっているハヤブサ（図18）は同様の発想を伝えている。

ホルスはオシリス神話のなかにおいて、父親であり先王であったオシリスの正統な後継者と認められていた。このオシリス神話は、王であった兄オシリスの王位を罠で奪った弟

図18　カフラー王の後頭部に留まるハヤブサ

のセトをオシリスの息子であったホルスが仇討ちして王位を取り戻すというストーリーである。そのなかで登場するホルスの外観がハヤブサなのである。

「シヌヘの逃亡の始まり」

その頃、従軍していた王子たちに伝令が到着し、彼らのうちの一人に王の死が読み上げられた。その時、私は立ちすくみ、謀略とともにある彼（王子）の話し声を聞いたのである。私の心は乱れ、両腕は広げられ、体中が震え出した。そして身を隠す場所を求めて、その場から逃げ出したのです。私はその伝令から離れるために茂みの間に身を隠したのです。そして私は南へと向かったのでした。私は都に向かおうとは思いませんでした。というのも暴動が起こっているに違いないし、生き延びることができるとは思えなかったからです。私は聖なるイチジクの地の近くにあるマアティ湖を渡り、スネフェル島に上陸しました。私は畑の縁で夜を明かし、夜明けとともに出発したのです。そこで私は道に立つ一人の男に出会いました。彼は私を恐れて丁寧に挨拶をしてきたのです。

夕食時になった頃にガウの波止場に到着しました。私は西風の助けを受けて櫂《かい》なしの船で河を渡り、「赤い山の女主人」の上にある石切り場の東を通り過ぎました。そしてアジア人たちを監視し、砂漠の民を撃退するための「王子の壁」（砦・要塞）にたどり着くまで北へと歩みを進めたのです。私はその砦で仕事をしている守備兵が怖くて茂みでしゃがんでいました。夜の間に進み、朝にはペテンに到着しました。ケムウェル島にたどり着いた時、乾きが私を襲い、息苦しくなり、喉が渇き切ってしまいました。私は「これは死の味だ」と呟きました。しかし、私は心を奮い立たせ、再び立ち上がったのです。その時、私はウシの咆哮《ほうこう》を聞きました。見上げるとそこにはアジア人たちがいたのです。彼らベドウィン族の族長はエジプトにいたことがあり、私のことを知っていたのでした。彼は私に水をくれ、牛乳を温めてくれたのです。私は彼と一緒に彼の部族のもとへ行きました。彼が私にしてくれたことはよきことであったのです。

一つの地は私にもう一つの地を与えてくれました。私はビブロスを出立しケデムに戻ってきました。そしてそこで一年半を過ごしたのです。私を呼び戻したのは、上レテヌ（レテヌは現在のシリア・パレスティナに相当するため、上レテヌはシリアを示すと考えられる）の族長アムシンエンシでした。彼は、「私といればよいことがあります。あなたはエジプトの言葉を知っているのだから」と私に言ったのです。彼がそう言ったのは、私の名声と私の知性とを一緒にいたエジプト人たちから聞いていたからです。続いて彼は「なぜあなたはここにやって来たのか。都で何かが起こったのか」と私に尋ねました。そこで私は「上下エジプト王セヘテプイブラーは地平線へと去り、このことで何が起こるのかは誰も予測できないのです」と述べたのです。しかし、私は、「チェメフウ国から帰還した時に私にその知らせが入ったのです。私の心は動揺し、心臓は飛び出しそうでした。そのことが、私を逃亡の道へと駆り立てたのです。私を責める者も私の顔を叩く人もおりません。非難の声は聞かないし、私の名前が噂話にあがることもありませんでした。一体何が私をこの地へと連れて来たのかを知りません。それは神の思し召しのようなものです」と曖昧に答えたのです。

すると彼は私に対して、「かの国は疫病の年のセクメト女神のように、世界中に畏敬の念を抱かせる有能な神である彼無しに一体どうなってしまうのか」と言ったのです。そこで私は彼に「彼の息子が王宮に入り、父親の跡を継いだのは確かです。実際彼は比肩なき神であり、彼の前に立ちうる者などおりません。彼は英知あふれる人物で先見の明を持ち、出撃の際も撤退の際もその命令は的を射ております。父親が王宮にいる時も外国を束ねていたのは彼であり、事が成し遂げられた際には、父親に報告がなされたものでした」と述べたのです。

弓兵と戦い、戦場にいる間、彼は三日月刀を操る勇者であり、並ぶ者無き戦士でした。彼は角を曲げ両腕の力を失わせたので、敵は兵を集めることすら叶いませんでした。彼が敵の頭を砕く際は復讐心に燃え、彼の周りで立ち続ける者は一人もいなかったほどなのです。彼は逃亡者を殲滅する時に立ちふさがるのです。背を向けた者には死あるのみなのです。戦う際には不屈で、何度も戻り、決して背を向けることはないのです。彼は大軍を目の当たりにしたとしても、屈強な精神で臆病者を許しません。彼は従者たちのもとでは全力を尽くし、ヌビア人を駆逐する際には歓喜のなかにあるのです。盾を手にするや否や彼は敵を打ち破ったので、殺戮行為を繰り返す必要などありませんでした。彼の矢を避けることができる者も、彼の弓を引くことができる者もいなかったのです。弓兵たちは彼の前ではまるで偉大なる女神の面前にいるかのごとくでした。彼は結果を予測しながら戦い、生き残った者に気を払うことがなかったのです。しかし愛を通じて戦ったため、彼は愛され慈愛に満ちていました。彼の町は彼以上に彼のことを愛し、彼らの神以上に彼のために喜びに満ちているのです。今や彼が王であり、男たちも女たちも喜びのなかにあるのです。彼は母体にいる時から征服者であり、生まれついての支配者でした。彼とともに生まれ出でたものは豊かさであり、彼は神が与えし存在でした。彼が統治すべしこの国の何と喜ばしいことよ。彼こそは国境を広げる者なり。彼は南の国々を滅ぼし、アジア人を討ち、砂漠の民を殲滅していることから、北の国々について憂う必要もないのです。彼に手紙を書き、あなたの名前を彼に知らせるのです。陛下に反論するものではありません。忠誠を誓う国に対して彼と彼の父親はよきことをしてくれるでしょう。

続いて彼（アムシンエンシ）は私に「本当にエジプトは幸運だ。今やエジプトは彼（王）が頭角を現したことを知っているからだ」と告げたのです。あなたはここにいる。私とともにいる。私があなたにすることはよきことである。

疫病の年のセクメトとは

雌ライオンの外観をしたセクメト女神は、女性の神々の攻撃的な側面を擬人化し、疫病をもたらす存在として人々に恐れられた。その一方で疫病を防いでくれるとも考えられていたのである。そのためルクソールの神殿群には数多くのセクメト像が収められてる。亡くなった偉大なる王への畏敬の念を「疫病を平定するセクメト女神」に例えてあらわしたのである。

古代エジプトのセクメト女神のように、疫病を撃退する存在は古今東西みられる。最新のものが新型コロナウイルス（COVID-19）とともに再登場したアマビエなる妖怪変化であろう。祇園祭《ぎおんまつり》や花火大会も本来は疫病退散を願う行事である。

「異国におけるシヌへの生活」

彼（アムシンエンシ）は私を彼の子どもたちの前に連れて来て、彼の長女と結婚させたのです。そして彼は他の国との境に所有している彼の土地を選ばせたのでした。それはヤアアと呼ばれた素晴らしい土地でした。そこにはイチジクやブドウが育ち、水よりもワインの方が豊富だったほどでした。ハチミツが豊かにとれるし、オリーヴの木もあり余るほどであった。木々にはありとあらゆる果実が実り、大麦もエンマー小麦も家畜もあり余るほどでした。好ましきものとして、私に多くを感じさせてくれるものは偉大である。彼は私を彼の国の最高の部族の首長にしてくれたのでした。私のために日々の配給として食糧と必要なワイン、調理した肉と焼いた水鳥、その傍には砂漠の獣の肉が調達されたのでした。彼らは私のために狩りを行い、私の猟犬の分も含めて、私の目の前にそれらを積み上げたのです。彼らは私のために牛乳を用いたあらゆるデザートをつくってくれました。私の子どもたちが強い男たちとなり、それぞれが自身の部族を率いるようになるまで、私は長生きしたのです。北からやって来る使者も南の都に向かう使者も私のもとに立ち寄り、私はすべてのエジプト人たちを宿泊させたのでした。私は喉が渇いた者に水を与え、迷える者を道に戻しました。そして物を奪われた者に物を取り返してあげたのでした。

アジア人たちが異国の首長たちの権威に反発し抵抗し始めた時、私は彼らの軍隊に助言をしました。このレテヌの君主（アムシンエンシ）は、長年私を彼の軍隊の司令官としました。私が立ち去ったあらゆる国は、私に攻撃された際に畑と井戸から追い払われたのです。私は家畜を奪い、住民たちを連れ去り、彼らの食糧を略奪しました。私は自らの腕力で、自らの弓で、自らの策略で、そして自らの有効な助言により、人々を殺害したのです。そのことは君主の望むことであり、彼は私を愛し私の勇敢さを求めたのです。彼が私の腕力の強さを見た時、彼は私を彼の子どもたちの地位の上に置いたのでした。

「レテヌとの闘い」

ある日、私のテントにレテヌの猛者がやって来ました。彼は並ぶ者無き英雄であり、レテヌ全土で名を馳せていたのです。彼は私を滅ぼそうと考え、戦おうとしました。そして彼の部族の後押しで、私の家畜を奪おうとしたのです。しかし、アムシンエンシと私とは相談し、私は彼（アムシンエンシ）のことは知りませんと伝えました。「私はアムシンエンシの宿営地に近づけるほど親しくはありません。アムシンエンシの女性たちの部屋に私が侵入したとでも、壁を打ち壊しなかに入ったとでも言うのでしょうか。それはあなたの仕事を私がやりとげたことに対する嫉妬《しっと》にほかなりません。私は他の群れのなかに迷い込んだ雄牛のような存在です。普通そのような雄牛であれば彼を攻撃しますが、エジプトの雄牛はアムシンエンシよりも優れています。そのような人物が主人となった時に慕われたりするでしょうか。デルタ地域の男と同盟を結ぶ外国人の弓兵などいないのです。何がパピルスと岩とを結びつけることができるというのでしょうか。雄牛は戦いを望むとは言えど、彼と同等の存在を恐れて逃げようとするでしょうか。もし彼が戦いたいというのであれば、好きなように言わせておきなさい。神は彼の運命を知らないのでしょうか。どのようなことが起こるのかを知っているのでしょうか」と言ったのです。

私は一晩中、弓を引き矢を射った。そして短剣に刃を取りつけ武器を磨いたのでした。夜明けとともにレテヌ人たちは現れました。部族から徴兵がなされ、その国の民の半分が集められたのです。それは戦いを意味していたのです。彼（レテヌの猛者）は私の待つ場所へとやって来ました。私は彼のすぐ近くにいたのです。皆の心は私のために燃えており、女も男も大声をあげていたのです。皆の心は私に同情して、「彼と戦うことができる強者が他にいるだろうか」と言ったのです。彼は盾と戦斧と槍を手に襲いかかってきました。私は彼の武器をかわした後、残りの矢をすべてそらせたのです。すると彼は私を殺そうとして近づいてきました。私が矢を放つとそれは彼の首に突き刺さったのです。彼は叫び声をあげ、顔から崩れ落ちたのです。私は彼の戦斧で彼を殺しました。私は彼の背の上で雄叫びをあげたのでした。すべてのアジア人たちが歓声をあげました。私はモンチュ神に感謝しましたが、彼の仲間たちは悲嘆に暮れておりました。君主アムシンエンシは私を抱きしめ、拍手喝采のなかで口づけをしたのです。私は彼の持ち物を運び去り、彼の家畜を手に入れたのです。彼が私にしようと考えていたことを私は彼にしたのでした。私は彼のテントにあったものを奪い、彼の宿営地を一掃しました。それは私を豊かにし、富める者としたのでした。家畜も増えたのです。

神はこのようにして他の国から来た者に慈悲を与えたもうたのです。今や彼の心は満ち足りていました。あの時の状況ゆえに逃げ出しましたが、私のいるべき場所はこの館なのでした。かつては飢えで彷徨った私が、今では隣人にパンを与えているのです。裸同然で故郷を後にした男が、今や白い上着と上質の下着を身に着けているのです。物を送るための使用人にさえ事欠いていた男が、多くの召使を抱えているのです。私の家屋は素晴らしく、私の住まいは広い。私の名声は王宮にも届いているのです。

「シヌヘの故郷エジプトへの思い」

この逃避行を与えし神よ、慈悲深き神よ、私を都へと連れ戻したまえ。おそらくあなたは、私が暮らしたいと思う場所を私に見させてくださるでしょう。私の亡骸が私の故郷に戻ること以上に重要なことがあるでしょうか。我を助けたまえ。よい解決策が訪れますように。神が私を満足させてくれますように。神が正しい結末を用意してくれますように。そして異国に生きることとなった者に、憐れみと関心をお示ししてくださいますように。もし今、神が慈悲深く祈る者の声をお聞きになるのであれば、私を連れ去った場所へと私を戻してくださいますように。

エジプトの王が私に慈悲深く、彼の豊かな地で過ごせますように。王宮におられるその国の女主人にご挨拶ができますように。私が彼女の子どもたちの声を耳にすることができますように。若返ることができればよいのに。老いは私に忍び寄り、老衰が私を追いかけて来るのです。眼は疲れやすくなり、両腕は動かない。両足は歩くことを止め、心は疲れ切ってしまっている。彼らが私を永遠の町へと連れて行く。私の出発の日は近づいているのです。しかし、私はすべての女主人にお仕えすることができるのであろうか。私のために、彼女の子どもたちに対して彼女はよきことを言ってくれるのか。彼女は永遠に私の頭上にあるのか。

すぐにこの報告が陛下、上下エジプト王ケペルカラーになされたのです。王は私がいるこの場所を考慮に入れつつ正しい判断をしたのです。陛下は私に王家の報酬である食糧を送ってくれたのです。彼は外国の支配者のためになされるように、この下僕めの心を喜ばせてくれたのです。そして王宮にいた王の子どもたちは、私にメッセージを聞かせてくれたのです。

この下僕にもたらされたエジプトへの帰還に関する勅令の写しとは次のようなものであ

りました。ホルス名・生まれし命、二女神名・生まれし命、上下エジプト名・ケペルカラー、サ・ラー名・センウセレト・永遠に生けるもの。家臣シヌへに対する王の勅令。この王の勅令は、あなたに届けられるであろう。

「あなたは外国の国々を横断し、ケデムからレテヌへと進んだ。あなたの心の赴くままに一つの国はもう一つの国をあなたに与えたのです。誰かがあなたにすべきことをあなたはしてきたであろうか。あなたは人の悪口を言ったことがないし、あなたの言葉を非難されたこともない。あなたはあなたの発言を非難すべき長老たちの議会において話をしたことがない。あなたの考えはあなたの気持ちを上回ったのです。私があなたに言うべきことは何もありません。王宮のなかにいるこのあなたの女主人は、今や頭部を王権で飾られ健康で栄えています。彼女の子どもたちもまた王宮のなかにいるのです。あなたは彼らがあなたに与えてくれた富を積み重ね、彼らの富を糧に生きよ。エジプトに戻り、あなたは生まれし都を目にするでしょう。あなたは大いなる二つの門で地面に口づけをし、仲間たちに加わるのです。今やあなたには老いが始まり、活力を失いつつある。尊き地へと向かいながら、埋葬の日のことについて思いをはせなさい。夜はあなたにタイト女神の手により香油と包帯を用意してくれるでしょう。葬儀の日、あなたのために葬列が組まれるでしょう。頭部がラピスラズリ製で金箔が張られた人型石棺で、あなたの上には空があり、外側の木棺のなかに置かれ、歌い手たちに先導された雄牛の群れによってひかれて行くでしょう。ムウの踊りがあなたの墓で演じられ、供物があなたのために用意されるでしょう。あなたの墓の祠堂の入口で犠牲が捧げられ、王族の子どもたちになされるがごとく石灰岩の柱が建てられるでしょう。あなたは異国で死ぬべきではありませんし、アジア人たちはあなたに付き添ってはくれないでしょう。あなたは羊の皮にくるまれて墓に埋葬されるべきではありません。すべてにおいて地上をさすらうには歳をとりすぎたのです。死について考えエジプトに帰国しなさい」。

私が部族のなかで立っている間に、この勅令が私に届けられたのです。私がひざまずき、そして地面に平伏した後、それは読み上げられたのです。私は上半身に砂を散らしました。そして私は喜びに満ち、「どうして野蛮な国に迷い込んだ一人の下僕に対してそのようなことが行われたのか。実際にそれはよきことであり、私は死の淵から救われました。あなたのカーは、都で私の体が終焉を迎えるまで過ごすことを許すでしょう」と言いながら宿営地へと戻ったのです。

王の勅令についての記述で、上の名が列記されて登場する。これらはすべて古代エジプト王が持つ称号（肩書き）であり、それぞれが異なる意味を持っている。

ホルス名、二女神名、上下エジプト名、サ・ラー名

最古の称号であるホルス名は、王の即位時に採用され、王自身がハヤブサ神ホルスのこの世における化身であることを宣言したものである。二女神名は、上エジプトの守護神ネクベト女神と下エジプトの守護神ワジェト女神によって象徴される上エジプトと下エジプトの二国を統一する者という王の役割を表現している。上下エジプト名は、「ネスウト・ビィティ（スゲとミツバチの者）」名とも呼ばれ、古代エジプト王が持つ二元性（スゲは下エジプトの象徴でミツバチは上エジプトの象徴）を強調するものである。サ・ラー（ラーの息子）名は、古代エジプト王とは太陽神ラーの息子であり、後継者という王の地位を強調したものである。

「ムウ」の踊り子たち

「ムウ」は死者の葬列に沿って歩きながら踊る儀礼的な踊り子たちのことである。古王国時代（紀元前二六八六〜二一六〇年頃）・中王国時代（紀元前二〇五五〜一六五〇年頃）・新王国時代（紀元前一五五〇〜一〇六九年頃）を通して墓の壁面に装飾として描かれた。彼らは特徴的なキルトとアシの冠を身に着け、手を上に挙げながら踊った。

古代エジプトの葬礼には、親族だけでなく「泣き女」なども同行した。古代エジプトにおける女性の役割は、葬礼などにおいて顕著である。おそらくこれは、女性の持つ「不浄」の要素で「死」の不浄を打ち消す効果を狙ったのであろう。

「シヌへからの返答」

この勅令への返答の写し。王宮の下僕たるシヌへは申し上げます。「平安であらんことを。この下僕が無知なるがゆえに行った逃亡は、あなたのカーによって知られてしまいました。よき神よ、二国の主よ、ラーとモンチュ（戦争の神）に愛されし者よ、テーベと二国の主たるアムン、スメニウ（上エジプトの町）の主たるソベク・ラー、ホルス、ハトホル、エジプトのすべての神々、アトゥムと九柱神、ソプドゥ、ネフェルバウ、セムセル、東方のホルス、イエメトの女主人、彼女はあなたの頭に巻きつくであろう、ナイル河の神、砂漠に棲むミン・ホルス、プントの女主人ウレレト、ヌウト、ハロエリス・ラーと祝福されし地と大海の島々の君主たちの神々にも愛されし者よ。彼らはあなたの鼻孔に命と繁栄とを与え、あなたに彼らの贈り物を賦与しますように。彼らがあなたに終わりなき永遠と尽きることなき不滅を与えますように。あなたによる恐怖が平地にも高地にも繰り返され、太陽円盤が取り囲むあらゆるものがあなたのために征服されますように。このことこそが西方の地にいながら私を救ってくれた君主に対するこの下僕の願いなのです。国民たちのことをよくご理解くださる見識ある君主は、下僕が話すのを恐れることを大いなる王宮のなかでわかってくれるでしょう。それは繰り返すには恐れ多いことであります。ラーの化身である偉大なる神は、彼のために働く人の気持ちを知っています。この下僕は気にかけてくれる人の手中にあります。私は彼の指示の下にいるのです。陛下は征服者ホルスであり、あなたの腕はいかなる国よりも強力です。今まさに陛下がケデム国からメキを、ケシュ国からケンティウワシュを、フェンクウの国々を治めるメヌスを連れてくるよう命令を発しますように。彼らは高名な支配者たちであり、あなたの寵愛を受けた者たちです。レテヌについては書かれていませんが、それはすでにあなたのイヌのようにあなたのものです。あなたの下僕が行った逃亡は予期せぬ出来事でありました。それは思いがけないことであり、事前に用意したものではなかったのです。私は何が私をこの国から離れさせたのかがわからないのです。まるで夢を見ているようでした。ある日突然、デルタ地域の人がエレファンティネにいることに気がつくとか、沼沢地にいる人がヌビアにいるのに気づいたという感じです。しかし私は怖くはありませんでした。誰も私を追いかけては来なかったし、叱責する言葉を聞くこともなかったからです。噂話に私の名前があがることもなかったからです。しかし私の体はすくみ、足は震え、心を打ちのめしたのです。この逃亡を運命づけた神が私を引きずり出したのです。私はこれまで傲慢であったことはありません。その国を知る男は謙虚でなければならないのです。というのも、ラーはあなたへの恐れを国中に、そしてあなたの恐怖をすべての外国の国々へ届けるからです。私が都にいようと、ここにいようと、あなたは地平線を覆うすべてであります。太陽円盤はあなたの言いなりであり、ナイル河の水はあなたが思うがままに飲むことができるからなのです。天空の空気はあなたが話をするかのように呼吸されます。今まさにこの下僕は派遣され、彼がこの地で育てた子どもたちに家督を渡すでしょう。陛下の望みのままに、人はあなたが与えてくれる空気により生きるのです。ラー、ホルス、ハトホルは、あなたの高貴な鼻孔を愛し、テーベの主モンチュは永遠に生きることを望むでしょう」と。

エレファンティネ

エレファンティネは、現在のアスワン近くにある島の名称である。そこは伝統的にエジプトの南の国境を意味していた。そのことから本文の「デルタ地域の人がエレファンティネにいることに気がつく」とは、「つい先ほどまで最北にいた人が突然最南にいることに気づいた」という意味になる。

第一王朝初期に新しいエジプト国家によってなされた最初の事業の一つは、主要な運輸の水路を監視するために、要塞をエレファンティネに建造することだった。このことは、エジプト南部の国境を守るための管理上および関税上の要衝としてのエレファンティネの重要性を反映しており、王朝時代を通してその役割は保たれた。

私は私の子どもたちに私の財産を渡すためにヤアアで一日を過ごしました。長男が私の部族を率いることになったのです。私の部族と私の財産のすべて、すべての奴隷・家畜・果実、そしてすべての果樹が彼に手渡されました。下僕は南へと進みました。私は「ホルスの道」にたどり着いたのです。そこの巡回の担当である司令官は、そのことを知らせるために都に伝令を派遣しました。陛下は、彼らに王領地の農民たちの有能な監督官を送りました。また彼とともに「ホルスの道」までやって来たアジア人たちのための王家の贈り物が積まれた船が送られました。私は一人ひとりの名前を呼んだのです。召使たちはそれぞれの仕事に取りかかりました。私は出発し船の帆が上げられました。イチタウイの波止場に到着するまで、私の傍でパンがこねられ、ビールが濾《こ》されたのです。

夜が明けて朝が来ると、私は呼び出されました。一〇人の男たちがやって来ました。そして一〇人の男たちは、私を王宮に案内してくれました。私はスフィンクスとスフィンクスの間で地面に額をつけたのです。王の子どもたちは私に会うために入口で立っていました。列柱室へと私を案内してくれた廷臣たちは、私を謁見の間へと導いてくれました。私は素晴らしい黄金の壁龕《へきがん》に備えられた玉座に座る陛下を目にしました。私は御前で平伏した時、気を失いそうになりました。この神は私に親し気に話しかけてくださり、私は夕暮

「シヌへのエジプトへの帰還」

れに捕らえられた一人の男のようでありました。私の魂は飛び去り、私の体は震え、心を喪失してしまったのです。私は生きた心地がしませんでした。

陛下は家臣の一人に言ったのです。「彼を抱え上げ、私と話ができるようにせよ」と。そして陛下は言ったのです。「見よ、あなたは戻ってきた。異国の国々を彷徨っていたのです。逃亡はあなたを痛めつけた。あなたは年老いてしまった。老年はあなたを捕らえた。あなたの葬儀は小さな出来事ではありません。今やあなたは弓兵たちによって護衛されないのです。これ以上這いつくばるな。名前が呼ばれても答えるな。罰を恐れるべきではない」と。それに対して、私は恐る恐る答えたのです。「陛下は私に何と言われたのでしょうか。答えようとするのですが、神に対してどのようにすればよいのかわからないのです。私の体には恐怖がございます。運命の逃亡がもたらされた時のように。私はあなたの御前にいるのです。命をあなたに預けております。陛下の御心のままに」と。すると王の子どもたちが入って来ました。そして陛下は王妃に「彼がシヌへだ。ベドウィン首長として生活し、アジア人として戻って来たのだ」と言ったのです。彼女は大きな叫び声をあげ、王の子どもたちも皆叫んだのです。彼らは陛下の御前において、「おお王よ、我が君主よ、彼は本当に本人なのでしょうか」と言ったのです。しかし陛下は「間違いなく彼だ」と述べたのです。

その後、彼らはメナトの首飾り、ラトル（振って音を出す楽器）、シストラムを持って来て、それらを陛下に捧げました。そして言ったのです。「陛下の腕がよきものに届きますように。おお、永遠の王よ、天空の女主人の飾り物にその手が届きますように。黄金の女神があなたの鼻孔に命を吹き込み、星々の女主人があなたと融合しますように。上エジプトの王冠は北へと向かい、下エジプトの王冠は南へと向かう。それらは一つとなり、陛下のお言葉と一緒になるでしょう。そして聖蛇ワジェト女神は、あなたの額に備えつけられるのです。あなたがあなたの民を悪から守護するように、二国の主たるラーがあなたに友好的でありますように。すべての女主人たちが同様に、あなたを歓迎しますように。槍を収め、矢を脇に置きなさい。息ができぬ者に息を与えてください。エジプトに生まれし弓兵であるこのベドウィンの首長シメヒト（シヌヘ）に幸運に対する報酬を与えさせていただきたい。あなたを恐れて彼は逃げ出し、あなたの恐怖からこの国を立ち去ったのです。しかし、もはやあなたの顔を見て青ざめる人はおりませんし、あなたを見る眼に怖れなどあろうはずがございません」と。

「ホルスの道」・王都イチタウイ

エジプト北東の紅海《こうかい》に突き出しているシナイ半島北部の地中海沿岸地域の細長い部分は、古来エジプト人たちによって「ホルスの道」と呼ばれていた。先史時代からエジプトとレヴァント地方の間の主要な陸路として使用され、ラメセス二世の治世（紀元前一二七九〜一二一三年頃）には防衛上、最重要箇所と認識されていた。

イチタウイは、中王国時代の第一二王朝（紀元前一九八五〜一七七三年頃）初頭にアメンエムハト一世によって建設された王宮および都の名称である。アメンエムハト＝イチ＝タウイ（「アメンエムハトは二国を手に入れる」）の名が与えられた。正確な位置はいまだ不明なままであり、碑文においてのみ存在が知られている。おそらくアメンエムハトが自身のピラミッドを建てたファイユーム地域のリシュト付近にあったことは確かであろう。

メナトのついた首飾り

メナトは、重い首飾りをかけた際にバランスを取り、首への負担を減らすために備えつけられ、宝飾品の一部に使用されるハトホル女神の像で装飾された錘の名称のこと。

メナトは重量のあるビーズ製のネックレスにしばしばつけられる（図19）。古代エジプトの宝飾品はその豪華さだけではなく、機能も重視されていた。

シストラムと天空の女神

シストラムは楽器の一種である。日本語でいうと「ガラガラ」となる。ハトホル女神とハトホル神官の象徴の一つでもある。ゆえにここで述べられている天空の女神とはハトホルのことを指している。

王朝時代からローマ支配期にかけてエジプトのみならず、広く地中海沿岸地域で壁画の

図19　ファイアンス製のメナトの首飾り（Friedman 1999）

モチーフとして、シストラムと古代エジプトの女神（ハトホル・イシス・バステト）はしばしば採用された。イタリアのポンペイの壁画が有名である。またシストラム自体のデザインにハトホルが使用されることもあった（図20）。材質も様々であり、青銅やファイアンス（陶磁器素材の一つ）等でつくられた。楽器としての用途を考慮するならば、実用品は青銅製であったであろう。

「エジプトでのもてなし」

そこで陛下は、「彼は恐れる必要はない。彼は怖がる必要もない。彼は貴族たちのなかの家臣となり、廷臣たちの中心に置かれるであろう。着替えの間で待つように彼を連れて行きなさい」と言ったのです。

私が謁見の間を退出する際に、王の子どもたちが手を貸してくれました。そして私は二つの門へと向かったのです。私にはある王子の家が与えられました。素晴らしいものがそこにはありました。そこには涼しい部屋と地平線の神々の像があったのです。そこには宝庫に貴重なものがありました。王の亜麻布の衣装と、お気に入りの廷臣たちのために最上級の没薬《もつやく》（香料のミルラ）が各部屋に置かれてあったのです。すべての召使たちは命じられた仕事で忙しくしていました。歳月が私の体から除かれていったのです。私は髪を切られて、髪をすかれたのです。重荷は砂漠へと捨てられ、衣服は砂漠の民に与えられました。私には上質の亜麻布製の服が着せられ、最高品質の油が摺りこまれたのです。私はベッドの上で夜を過ごしました。私は砂をそこに住む人々に与え、樹木から採取した油を、それを摺り込む人々に与えたのです。家臣である農園の所有者の家屋が私に与えられました。たくさんの職人たちがそれを建設し、すべての木々が新しく植え替えられたのです。食事が一日三回か四回、王宮から運ばれてきました。王の子どもたちが与えてくれることもありました。それが滞ることはなかったのです。

私のための石造りのピラミッドが、ピラミッド群のなかに建てられました。ピラミッド

図20　ハトホル女神の意匠をしたシストラム
（Bleiberg 2008）

の石切り職人の監督官はその場所を設定し、建築家は図面を作成し、彫刻職人は彫像をつくったのです。

共同墓地で働く人々の監督官はそのことに気を配っていました。墓室に入れられるすべての品々の供給には注意が払われました。カー神官が私のために任命されたのです。まして葬儀のための土地が耕作地と一緒に私の居場所として定められたのです。るで家臣に対してなされた最初の命令のように。私の彫像には金箔が施され、前掛けはエレクトラムでつくられていました。それをつくるように指示したのは陛下でした。このようなことをしていただいた普通の身分の者はおりません。こうして死ぬ日が訪れるまで、王のお気に入りであり続けたのです。この物語は始まり、そして今終わりを迎えました。

考察─人間と神々の大河ドラマ

　古代エジプト史上最もよく知られたストーリーである「シヌへの物語」は、主人公である高官シヌへの実体験をもとにしたノンフィクションであると考えられてきた。しかし、そのことを裏づける十分な史資料を欠いていることから、現在ではプロパガンダ性の強い文学作品として位置づけられている。ただし、そのなかに登場する人物たちと出来事は、古代エジプトの歴史と当時の社会状況をかなり正確に反映していると考えられている点は重要だ。

　例えば物語の冒頭で登場する古代エジプト王アメンエムハト一世（紀元前一九八五～一九五六年頃）は、中王国時代第一二王朝初代に実在した王であった。また彼の予期せぬ突然の死の後、共同統治を行っていたセンウセレト一世（紀元前一九五六〜一九一一年頃）が戦地からエジプトへと帰還する様子も歴史的事実を反映しているようである。つまり、物語的要素が強いが、ある程度歴史的事実を踏まえた大河ドラマのようなものであったのであろう。織田信長も明智光秀も登場するが、そこには現代の有名脚本家の意図がみられるのと同様である。となれば、ストーリーが読み手の興味を引くことは必然であり、長期にわたりエジプトで人気を保ち続けたことにも納得がいく。

この物語がフィクションであるのか、ノンフィクションであるのかは大きな問題ではなく、なぜそのような文書がつくられたのかが重要だ。歴史的事実のなかで、フィクションである主人公シヌへがどのように自ら考え、次の行動を起こしていくのか。そしてエジプトを飛び出し安住した地において、どのようにエジプト人としてのアイデンティティを見出したのかが興味深い点である。ナイル世界から離れた一人の古代エジプト人の目を通して、古代エジプト文化が語られるのである。

農耕民の愛と知恵の物語

「二人兄弟の物語」――愛と不義の顚末

解説とあらすじ

大英博物館所蔵のドービニー・パピルス（BM10183）が現存する唯一の写本である。当該パピルスは一九枚に分かれている。写本が作成された時期は、記した書記の名前から新王国時代第一九王朝のセティ二世治世（紀元前一二〇〇〜一一九四年頃）であったと考えられている。この「二人兄弟の物語」最大の特徴は、物語の始まりから終わりまで、完全に残されていることにある。また美しいヒエラティックの書体で書かれていることでも知られている。

ストーリーは大きく二つに分かれている。前半部分は兄嫁である不義の人妻の話である。義理の弟を誘惑しようとして失敗した妻は、それが兄である夫に発覚することを恐れ、反対に自分が義理の弟から暴力を受けたのだと嘘の話をでっちあげ夫に弟を殺させようとす

表5　「二人兄弟の物語」登場人物・神々

アンプ	兄，ギリシア語読みではアヌビス
バタ	弟，バタはアヌビス神と親しい牛飼いの神の名前
アンプの妻	バタを誘惑する兄嫁
バタの妻	神によってつくりだされた女性
ラー・ホルアクティ神	地平線のラー＝ホルスという意味．ラーとホルスの融合形
クヌム神	氾濫と結びつくヒツジの頭部を持つ神．ろくろの上で人間をつくる創造神
ハトホル女神	ウシの耳・角と太陽円盤の被り物を持つ愛と音楽の女神

る。しかし、弟はいつも世話をしているウシたちの助け（ウシが人間の言葉で忠告する）で難を逃れ、神の助けを受けて兄の誤解を解くのである。後半部分は、兄の機転で死の淵から蘇った弟が神々の助力で美しい妻を手にするが、彼女はファラオに見初められて彼の元を離れてしまう。その後、王妃となった妻はファラオを籠絡《ろうらく》し夫の殺害を企てるというものだ。しかし、殺されても殺されても夫バタは姿を変えて蘇るのだ。

古代エジプト社会の日常のなかに潜む人間の欲望と浅はかさを描いたこの物語は、その一方で古代エジプト文化特有の魔術的要素が端々に散りばめられている。ショッキングな場面も多いが、そのことを通して古代エジプト的「再生復活」と「死生観」を描いているのだ。

図21　ウシを連れて畑仕事へ（Donovan and McCorquodale 2000）

「兄弟の日常」

昔々あるところに同じ母親と同じ父親を持つ二人の兄弟がおりました。兄の名はアンプ、弟の名はバタといいました。アンプは家と妻を持ち、弟は彼の息子のようでした。兄は弟に着物をこしらえてあげ、一方の弟は家畜を連れて畑に行き、そこを耕していたのです。彼は兄のために刈入れをし、畑でのすべての作業をこなしていたのです。弟は非の打ち所のない人物でした。世界中を探そうとも彼のような人はいなかったでしょう。神の力が彼には宿っていたのです。

そのように日々が過ぎて行きました。弟は日課であるウシの世話をし、毎晩家にあらゆる種類の野菜・牛乳・薪、そして畑でとれるすべてのよきものを積んで帰宅するのでした（図21）。彼は妻と座っている兄の前にそれらを積み上げ、食事をとり、夜になるとウシたちと一緒に眠ったのです。夜が明けて次の日がやって来ました。弟は朝食を兄に用意しました。そして畑に持って行くパンを兄に渡しました。弟はウシに草を食べさせるために畑に連れて行ったのです。彼がウシの後からついていくと、ウシたちが彼に「あの場所のあの牧草が美味しいのですよ」と言ったのです。彼（バタ）はウシの言ったことをすべて理解することができました。そしてウシたちが望んでいたよい牧草のあるその場所に連れて行ったのです。その結果、弟の飼うウシは非常に美しく、何頭も子を産んだのでした。

耕作の季節になると、兄が「耕す用意ができるようにウシをつないでくれないか。耕すには最高の時期だ。明日から耕し始めるから種を持って畑に来なさい」と彼に言ったのです。弟は兄の言った通りにすべてを用意しました。夜が明けて次の日がやって来ました。彼らは種を持って畑に行きました。そして仕事ができることに喜び、一緒に耕し始めたのです。そうして何日もが経過し、ある日彼らが畑にいた時、彼らは種が必要になりました。そこで兄は弟に「すぐに帰って村から種を持ってきなさい」と言って送り出したのです。

「弟と兄の妻との会話」

弟は兄の奥さんが座りながら髪を編んでいるのを見ました。彼は彼女に言ったのです。「立ち上がり、種を私にください。私は急いで畑を離れてきたのです。兄が私を待っています」と。すると彼女は、「自分で行って倉庫を開けて、好きなだけ持って行きなさい。まだ髪をとかし終えていないのですから」と彼に言ったのでした。バタは家畜小屋に行き、彼が望む量の種が入る大きな壺を持って来たのです。彼は大麦とエンマー小麦を自分で背負い、担いで出て行ったのでした。その時、彼女が彼に「一体どれだけの量を肩に担いでいるの」と尋ねたのです。そこで彼は彼女に「私の肩にはエンマー小麦三袋と大麦二袋の合計五袋があります」と答えたのです。すると彼女は彼に「あなたは男らしいですね。私は毎日あなたの仕事ぶりを見ているのです」と告げたのです。それは彼女が彼を恋愛相手として求めたという意味なのでした。彼女は立ち上がり、彼にしがみつき、そして言ったのです。「一緒に一時間ばかり寝て過ごしましょうよ。あなたにとっても得な事ですし。そうしたらよい服をつくってあげますよ」と。

するとバタは不道徳なこの誘いに対して烈火のごとく怒り、上エジプトのヒョウのようになりました。彼女はそれをひどく恐れたのです。彼は次のような言葉を投げつけたのです。「何を言っているのですか。あなたは私にとって母親のような存在であり、あなたの夫は私にとって父親のような存在なのに。彼は私よりも年上で私を育ててくれたというのに。何という無礼なことを言うのですか。二度と私にそのようなことを言わないでください。私は誰にもこのことを言うつもりはありませんし、誰かに漏らすこともないでしょう」と。彼は荷物を担ぎ畑へと戻って行きました。彼は兄の元に帰り、仕事に戻ったのです。夕方になりました。彼の兄は仕事を止め帰宅しました。一方、弟はウシの世話をして、自ら畑でとれたあらゆる農作物を担いで、ウシを連れて戻りました。彼は村にある家畜小屋でウシたちと一緒に寝たのです。

「妻の嘘と夫の誤解」

今や兄の奥さんは自身でやってしまった誘惑について恐れていました。そこで彼女は脂と包帯を取って来て、暴力を受けた女性のふりをしたのでした。それは彼女の夫に「あなたの弟が私に暴力をふるったのです」と言うためでした。夫はいつも通り夕方帰宅しました。彼は帰宅し、病気のふりをしながら寝込んでいる妻を見つけたのです。彼女はいつものように彼の両手に水をかけてくれませんでしたし、彼の帰宅のために明かりを灯すこともありませんでした。そのため彼の家は薄暗く、彼女は嗚咽《おえつ》しながら横たわっていたのです。彼女の夫は彼女に「誰があなたに暴力をふるったのだ」と訊きました。彼女は「あなたの弟以外に誰が私に暴力をふるうというのですか」と彼に答えたのです。「彼があなたのために種を取りに帰った時、彼は一人で座っている私を見つけ、「こちらに来なさい。一緒に寝て一時間過ごしましょう。三つ編みを解きましょう」と私に言ったのです。しかし私は彼の言いなりになることを断りました。そして「私はあなたの母親のような存在ではないのですか。あなたの兄はあなたの父親のような存在ではないですか」と私は彼に言ったのです。すると彼は不安になり、私があなたに告白しないように私に暴力をふるったのです。もしあなたが彼を生かしたままにしておくのでしたら、私は命を絶ちます。彼が帰宅したら生かしておかないでください。なぜなら彼は明日また実行する不道徳な誘いで私を苦しめるに違いないからです」と、妻は夫に言いました。

その時、兄が上エジプトのヒョウのようになりました。そして彼は槍先を研ぎ、それを手に握ったのです。続いて兄は、夜になると弟がウシを家畜小屋に入れるために帰宅するのを見計らい、弟を殺すために戸の後ろに立ったのでした。日が暮れると、彼（バタ）は毎日と同じように畑でとれたあらゆる野菜を背負い帰宅したのです。先頭のウシが家畜小屋に入ると牧夫（バタ）に言いました。「見なさい。あなたの兄があなたを殺そうと槍を持って隠れ立っていますよ。あなたは彼から逃げなければなりません」と。彼にはそのウシが言ったことがわかりました。次に入ってきたウシも同じことを言いました。彼は家畜小屋の戸の下をのぞきました。そして手に槍を持ち戸の後ろに立っている兄の足を見たのです。彼は荷物を下に置き、急いで飛ぶように逃げたのです。すると兄は槍を持ったまま追いかけてきました。

言葉を話すウシ

動物が人の言葉を解し話す物語や、動物と話せる（彼らの言葉が理解できる）人物の逸話や寓話は、古今東西広く知られている。アッシジの聖フランチェスコは、小鳥と話せたといわれているし、ヒュー・ロフティング原作の児童文学の主人公ドクター・ドリトルは、主人公があらゆる動物と話ができるという設定である。アイソーポスの『イソップ童話』をはじめとした動物文学のみならず、日本の昔話の代表である桃太郎もお供のイヌ・キジ・サルと会話する。

古代エジプトにもしばしばそのような「言葉を話す動物」が登場するストーリーが存在している。古代エジプト文学の「難破した水夫の物語」では、巨大なヘビが水夫に語りかけるし、「子羊の予言」では、文字通りヒツジが話をするのである。「オウム返し」や「歌を歌うクジラ」のようなリアリティーは持たないが、古代エジプトでは人と動物との間に存在していた垣根は低かったのであろう。ハヤブサの神ホルスや聖牛アピスが王の化身であったと考えられていたことは、そのことを明確に証明している。

「ラー・ホルアクティ神の登場」

その時、弟はラー・ホルアクティ神に「私のよき主よ、正しきことから悪しきことを見分けることができる者よ」と祈ったのです。するとラーは彼の嘆願をすべて聞いてくれ、彼と彼の兄との間にワニの群がる巨大な水場を出現させたのでした。その結果、一人は一方の側に、そしてもう一人はもう一方の側に離れ離れとなりました。兄は弟を殺すことに失敗したので、手を二度叩いて悔しがりました。そこで弟は反対側から兄に呼びかけたのです。そして「そこで夜が明けるまで待っていて下さい。太陽が昇るとすぐに私はあなたと神の御前で白黒つけましょう。太陽が犯人を教えてくれるでしょう。私は二度とあなたと一緒に暮らしませんし、あなたのいる場所に戻ることもありません。私は杉の谷に行くつもりです」と言いました。

夜が明けて次の日がやって来ました。ラー・ホルアクティ神が空にのぼり、彼らはお互いを見やったのです。その時、弟は兄に言いました。「なぜ不当にも私を殺すために追ってきたのですか。私の話を聞くこともしないで。私は今でもあなたの弟なのですよ。あなたは私にとって父親のような存在であり、あなたの妻は私の母親のような存在なのですよ。そうですよね、お兄さん。あなたが種を私に取りに行かせた時に、あなたの妻は私に「こっちに来なさい。一緒に寝て一時間過ごしましょう」と言ったのですよ。しかし、それが歪曲されてあなたへと伝えられたのです」と。それから彼（バタ）は兄の妻との間に起こったすべてのことについて告白したのでした。弟は神に誓って言いました。「あなたが槍を持って不実にも私を殺そうとやって来たのは、あのふしだらな女が原因なのです」と。そう言って弟は、切り口が鋭いナイフのような葦《あし》をつかみ、自分の性器を切り取り、それを河に投げつけたのです。ナマズがそれを飲み込んでしまうと、彼は衰弱し生気を失ってしまいました。兄は悲嘆に暮れ、弟のために大声をあげて泣き続けたのでした。兄はワニがいたために弟のいる対岸に渡ることができませんでした。

弟は兄に話しかけました。「あなたは不平不満は思いつくくせに、私があなたにした親切なことや、やってきたことを思い出さないのですね。さあ帰宅して家畜の世話をしなさい。私はあなたのもとにはいないのですから。私は杉の谷に行くつもりです。今あなたが私のためにできることは、もしあなたが私に何かが起こったとわかった際に、駆けつけて私の世話をすることです。私は自分の心臓を取り出し、杉の木の花の上に置いておきます。そして、もしその杉の木が切り倒されてしまい、私の心臓が地面に落ちてしまったら、あなたがそれを探しに来てください。もしあなたがそれを探すのに七年を要したとしても、気を落としてはいけません。あなたがそれを見つけ出し、冷たい水を張った容器のなかに入れたならば、私への悪事に対する復讐のために私は蘇るでしょう。また、もしビール壺があなたに手渡され、それが泡立ったとしたなら、私に何が起こったのかを突き止めるべきです。あなたにそのようなことが起こったなら、遅れをとってはいけませんよ」と。そして弟は杉の谷へと旅立ち、兄は両手を頭に置き体に土をこすりつけて帰宅したのです。やがて帰宅すると彼（アンプ）は妻を殺し、イヌに投げ与えました。そして座りながら弟のために喪に服したのです。

切り取られた性器をナマズが飲み込む

弟のバタが鋭利な葦で自らの性器を切り取り河に投げると、ナマズがそれを飲み込んでしまうというシーンが本文中に記されている。それが原因でバタは衰弱し生気を失うのであるが、この話の類型として「オシリス神話」の一場面が知られている。

国民に愛される兄への嫉妬《しっと》に狂った弟セトに殺害され、身体をバラバラにされた兄オシリスは、彼の性器のみナイル河に住むオクシリンコスという魚に食べられてしまうのである。その結果、オシリスはこの世に復活できなくなり、あの世の王となるのだ。「二人兄弟の物語」と「オシリス神話」双方とも男兄弟間のいさかいであり、共通点が多いことは興味深い。

「杉の谷のバタ」

それから月日が流れました。弟は毎日砂漠で狩猟をしながら、たった一人で杉の谷で過ごしていました。夜になると彼は杉の木の下で眠るために戻ってきました。そして杉の花の上に彼の心臓を置くのでした。多くの日々が過ぎ去り、彼は杉の谷に彼自身の家を用意しようと考え、自分自身の手であらゆるよきもので溢れた邸宅を建造しました。そんなある日、彼が邸宅を出た時に国中を支配しながら歩いていた九柱神たちと出会ったのです。九柱神たちは声をそろえて彼に言いました。「おお、バタよ、九柱神の雄牛よ。汝は兄のアンプの妻の目の前から逃れ、町を捨てて一人でいるのか。見よ、彼は妻を殺した。汝に対してなされたすべての悪事は彼によって復讐されたのだ」と。神々は彼を憐れみました。ラー・ホルアクティは、クヌム（羊頭の創造神。ろくろで人間をつくりだす神）に「バタのために妻をつくりだしてやれ。彼が一人きりで生活することのないように」と言ったのです。するとすぐにクヌムは、彼のために国中のどんな女性よりも見目麗しく、すべての神々の種を持つ連れ合いをつくりだしたのです（図22）。その時、七人のハトホルが彼女に会うためにやって来ました。そして一斉に「彼女は刃物によって死ぬであろう」と予言したのです。

バタは彼女が家にいる間は彼女を強く愛し、狩猟して毎日を過ごしました。獲物を持ち帰り、それを彼女の前に置いたのです。彼は彼女に「外には出ないように。波があなたをさらってしまうから。私はそこからあなたを救うことができません。なぜなら、私はあなたのように弱々しく、かつ私の心臓は杉の木の花の上に置かれているからです。もし誰かがそれを見つけてしまったなら、私は彼と戦わなければならないのです」と言いました。

図22　ろくろの上で人間を創り出すクヌム神（Watterson 1996）

そしてその時、彼は彼女に心の奥にしまっていた思いを打ち明けたのです。

それからまた多くの日々が過ぎ去っていきました。

「バタの妻の髪の香り」

バタはいつも通り狩猟に出かけました。一方の穢れなき妻は家の隣にある杉の木の下まで散歩に出かけたのです。その時、彼女は海が彼女の背後から急に競り上がってくるのを見たのです。彼女はそれから逃れるために急ぎました。そして家のなかに入ったのです。すると海は杉に「私のために彼女を捕まえなさい」と言いました。杉は彼女の髪から一房持ち去ったのです。海はそれをエジプトに持って行き、それを「ファラオ―生命・繁栄・健康―」の洗濯係の仕事場に置いたのでした。

すると髪の毛の房の香りが「ファラオ―生命・繁栄・健康―」の服に移りました。そこで王は「ファラオ―生命・繁栄・健康―」の洗濯係に「軟膏の匂いが「ファラオ―生命・繁栄・健康―」の服についている」と文句を言ったのです。王は毎日彼らと口論しましたが、彼らはどうしてそうなるのかがわかりませんでした。毎日の苦情の連続に頭を悩ませていた「ファラオ―生命・繁栄・健康―」の洗濯係の主任が、洗濯場にやって来ました。彼はすぐに立ち止まり、水中に髪の房のある対岸でたたずんだのです。彼は人を下に行かせ、それを彼の元に持って来させました。その香りは非常によいものであったので、彼はそれを「ファラオ―生命・繁栄・健康―」の元へ持って行きました。

すると「ファラオ―生命・繁栄・健康―」の博学な書記たちが呼ばれたのです。彼らは「ファラオ―生命・繁栄・健康―」に「この髪の房は、あらゆる神々の種を持つラー・ホルアクティ神の娘のものであります。今まさにそれが他国からあなたに贈られて来たのです。彼女を探すためにすべての異国へ使者を送るのです。杉の谷に派遣する使者は、彼女を連れて帰るために沢山行かせるのです」と言ったのです。すると「陛下―生命・繁栄・健康―」は「汝の言うことは素晴らしい、まさにその通りである」とおっしゃったのです。そこで彼らは送り出されたのです。

古代エジプト語のアンク・ウジャ・セネブの訳である。しばしば王名の後に続いて付加される定型文である。意味はアンクが生命(life)、ウジャが繁栄(prosperity)、セネブが健康(health)となる。

生命・繁栄・健康

古代エジプトで重要な概念であり、ロゼッタ・ストーンをはじめとする王権にかかわる石碑等に用いられる。新王国時代以降、さかんに用いられるようになる。

「兄との再会とバタの復活」

それから何日も経った頃、異国へ派遣されていた使者たちが、「陛下──生命・繁栄・健康──」に報告を伝えるために戻って来ました。しかし、杉の谷に向かった者たちが戻って来ることはありませんでした。バタが殺してしまったからです。唯一の生き残りが「陛下──生命・繁栄・健康──」に報告を伝えました。そこで「陛下──生命・繁栄・健康──」は、その女を連れ帰るために多くの兵士とそれと同じくらいの数の二輪戦車を差し向けたのです。さらに彼らのなかにあらゆる美しい女性用の装身具を持たせた一人の女を同行させたのです。その女はバタの妻と一緒にエジプトに戻って来ました。そして彼女(バタの妻)のために国中がお祭り騒ぎとなったのでした。「陛下──生命・繁栄・健康──」は彼女を寵愛し、彼女を第一王妃としたのです。王は彼女の夫の素性について打ち明けるように彼女に話しかけました。すると彼女は「陛下──生命・繁栄・健康──」に「杉の木を切り倒し、切り刻んで下さい」と言ったのです。王は杉の木を切り倒すための道具を持たせた兵士たちを送り込みました。そして彼らは杉の木の下にたどり着いたのです。彼らがバタの心臓が置かれた花を切り落とすと、すぐに彼は死んでしまったのでした。

夜が明け次の日がやって来ました。杉の木は切り倒されてしまったのです。バタの兄であるアンプは、家に入り座り両手を洗いました。彼がビール壺を受け取ると、泡が溢れました。もう一つワインが手渡されると、それは腐っていたのです。そこで彼は衣服と武器とともに杖とサンダルを持ち、急いで杉の谷へと旅立ったのでした。彼は弟の邸宅に入り、ベッドに死んで横たわっている弟を発見しました。死んでいる弟を目にすると、彼は涙を流しました。そして彼は夜になると弟が眠っていた杉の木の下へと弟の心臓を探しにいったのです。彼は三年もの間探し続けましたが、見つけることができませんでした。そうして四年目を迎えたのです。兄の心はエジプトへ帰りたがっていました。彼は「明日出発しましょう」と自身の心に語りかけました。夜が明けて次の日がやって来ると、彼は杉の木の下を歩き始めました。そして一日中探し続けたのです。夜になるとそれも止めてしまいました。彼はもう一度だけ探しました。すると彼は松ぼっくりを一つ見つけたのです。彼はそれを持って帰宅しました。それは彼の弟の心臓であったのです。彼は冷たい水を入れた容器を取って来て、それをなかに入れました。そしていつものように座ったのでした。

古代エジプト人にとっての心臓

古代エジプト人たちにとって、心臓は身体のなかで最も重要な臓器であり、感情と人格の源であると信じられていた。また現代医学の常識とは異なり、古代エジプト人たちは脳ではなく心臓で物事を考えると信じていた。彼らにとって心臓は最も重要な臓器であり、身体の部分であったのである。そのためミイラづくりの際も他の臓器（腸や肺などはカノポス容器に入れられ、脳は捨てられた）は摘出するのに、心臓だけは元の位置に戻されたのだ。

また「心臓スカラベ」（ミイラの心臓の代わりに置かれた大型の甲虫類）がしばしばミイラの心臓そのものの上に置かれることもあった。「心臓スカラベ」の裏面には、心臓の計量が実施される「最後の審判」の際に心臓の持ち主に対して行われる試問から心臓を守る呪文が、たびたび刻まれた。

本文中の「彼の心に語りかけました」というセリフの箇所は、もちろん「自問自答する」というニュアンスを含む意味なのであるが、そこには「気持ち」や「感情」だけではなく、「判断力」や「理性」と言う意味も含まれているのである。

杉と松ぼっくり

本文に登場する杉はレバノン杉を指すと考えられている。古代エジプトには杉のような大型の木材がなかった。ほとんどの杉材は現在のレバノンから輸入されたものであった（「ウェンアムン旅行記」を参照）。ただそこには注意が必要で、レバノン杉は松科ヒマラヤスギ属の針葉樹なのである。「杉」だが「松」なので、松ぼっくりができて当然なのである。

本文中では、松ぼっくりの形を心臓に見立てたのであろう。

「バタの復活と復讐劇」

夜になると彼の心臓は水を吸い込み、バタは全身を震わせ、心臓はまだ容器のなかにあるにもかかわらず、兄を見つめ始めたのです。兄のアンプは弟の心臓が入った冷たい水を入れた容器を取り、それを彼に飲ませたのです。彼の心臓がどうやら元の位置に戻ると、彼は元通りになったのです。彼らは抱き合い話を始めました。バタは兄に「見て下さい、私は多色で比類なき巨大な雄牛に生まれ変わります。だからあなたはその背中に乗って下さい」と言ったのでした。「日が昇る頃には、我々は復讐のために妻のところにいるでしょう。あなたは私を王のいる場所に連れて行って下さい。あらゆるよきものがあなたに与えられるでしょう。そしてあなたは私の代わりに「陛下――生命・繁栄・健康――」から銀と金を褒美にいただくでしょう。なぜなら私は大いなる驚きの存在であり、国中に歓喜をもたらす存在であるからです。そうしたらあなたはあなたの村に帰ればよいのです」と言いました。そこで兄のアンプは背中に乗ったのです。

夜が明けて次の日がやって来ると、バタは兄に言った通りに変身しました。彼が夜明けに王宮に到着すると、「陛下―生命・繁栄・健康―」にそのことが知らされました。王は彼を見て大いに喜ばれたのです。王は彼のために大宴会をするよう、「ここにあるのは驚嘆すべきものだ」と申されたのです。次にウシと同じ重量の銀と金が彼の兄のために支払われ、彼は故郷に戻ったのでした。さらに王は彼へ沢山の使用人と財物とを与え、「ファラオ―生命・繁栄・健康―」は国中の誰よりも彼を愛したのです。

それからいく日もが過ぎたある頃、ウシが台所に入って来て、王妃のいる場所に留まり、「見なさい、私は今もまだ生きていますよ」と話しかけたのでした。彼女は彼（ウシ）に「一体あなたは誰なのですか」と尋ねました。すると彼は彼女に答えたのです。「私はバタだ。あなたが「ファラオ―生命・繁栄・健康―」に杉の木を粉々にさせたのは、私が生き続けることを阻止するためだったということを私は知っていますよ。私は雄牛としてまだ生きているのです」と。王妃は彼女の夫（バタ）が彼女に行った告白で恐ろしくなりました。それから彼は台所を後にしたのです。

「陛下―生命・繁栄・健康―」は座って彼女と休日を過ごしておりました。彼女は「陛下―生命・繁栄・健康―」に飲み物を注ぎ、王はとても幸せそうでした。そこで彼女は「陛下―生命・繁栄・健康―」に「神の名において次のことをお誓いになってください。「彼女の言うことに関しては、私がそれを彼女に許可しましょう」と」と言ったのです。

図23　足を縛られ屠殺されるウシ（Donovan and McCorquodale 2000）

そこで彼は彼女の言うことすべてを聞き届けたのです。「この雄牛のレバーを私に食べさせてください。彼（雄牛）は大きな役には立たないでしょうから」と彼女は彼に言ったのでした。王は彼女が言ったことに大いに悲しみ、「ファラオ―生命・繁栄・健康―」は雄牛に非常に申し訳なく思いました。

夜が明け次の日が訪れると、王はその雄牛を犠牲として捧げる大規模な供儀祭開催の布告を出しました。そして雄牛を犠牲に捧げるため、「陛下―生命・繁栄・健康―」の王家の主任屠殺官が派遣されたのです。それからすぐに雄牛は犠牲に捧げられたのです（図23）。彼（雄牛）は男たちに担がれている間に、首を引っ張られました。

図24　臨御の窓から褒美を与えるアクエンアテン王（Kemp 2012）

すると「陛下―生命・繁栄・健康―」の二つの側柱それぞれの側に二滴の血が飛び散ったのです。それらは二本の見事なほど巨大なワニナシの木へと育ちました。すると「陛下―生命・繁栄・健康―」の下に「夜の間に二本の巨大なワニナシの木が陛下のための奇跡のごとく、陛下の巨大な門の側に育ちました」という知らせが届きました。そこで国全体でそれらの木のためのお祝いがなされ、供物が捧げられたのです。

それから何日も経過した頃、「陛下―生命・繁栄・健康―」は、ラピスラズリ製の臨御の窓（図24）にあらゆる花々でつくられた花輪を首にかけて姿を現しました。そして彼はエレクトラム製の二輪戦車に乗り込み、王宮、生命・繁栄・健康、を出立して、ワニナシの木を見にお出かけになったのです。王妃も「ファラオ―生命・繁栄・健康―」に続いて二輪戦車で出ました。「陛下——生命・繁栄・健康——」は、一本のワニナシの木の下に座りました。王妃はもう一本の方で座りました。するとバタが彼の妻に話しかけたのです。「この嘘つきが。私はバタだ。私はあなたの策にもかかわらず、まだ生きているのです。あなたが「ファラオ——生命・繁栄・健康——」に杉の木を切らせたのは、私に原因があることはわかっています。私は雄牛に変身しました。すると今度もあなたは私を殺したのです」と。

巨大な二本のワニナシの木

バタの化身であった雄牛から飛び散った二滴の血から誕生した巨大な二本のワニナシの木は、バタの命のメタモルフォーゼであり、彼の命の象徴である。

類例がヴェルギリウスの『アエネーイス』のなかにみられる。そこでは、セレスの神殿の外部にあった二本のヒノキの倒木がプリアモスとポリテスの死を表現しているのだ(Gowers 2011)。もちろんエジプトの神殿入口に建てられた二本の巨大なオベリスクもまた、大地に突き刺され天へと伸びる巨木を意味する生命の隠喩である。

『日本書紀』に登場する両槻《ふたつき》の宮や春日《かすが》大社《たいしゃ》の春日祭において榊《さかき》を鳥居の両柱に括りつける風習もまた、生命や死に関する同じような意味合いを持つのであろう。

臨御の窓

臨御の窓とは、古代エジプト王が褒美を家臣に与える際に使用した建物上階のバルコニーにつくられた窓枠のようなものである。新王国時代（紀元前一五五〇〜一〇六九年頃）の王宮や神殿を特徴づけるものでもある。王の化身である聖牛アピスも王同様に臨御の窓を持っていた。新王国時代の壁画やレリーフにしばしばその様子が描かれている。

現代でもみられるような、高貴な人物が建物の上から国民に顔を見せて手を振る光景をイメージして欲しい。あるいは新年に神社仏閣の高所から餅をまく力士や芸能人のイメージであろうか。

「変身とさらなるバタの復讐劇」

それから何日も経過した頃、王妃は「陛下―生命・繁栄・健康―」に飲み物を注ぎ、王はとても幸せそうでした。そこで彼女は「陛下―生命・繁栄・健康―」に「神の名において次のことをお誓いになってください。「王妃の言うことに関しては、私がそれを彼女に許可しましょう」と」と言ったのです。そこで彼は彼女の言うことすべてを聞き届けたのです。彼女は、「あの二本のワニナシの木を切って、素晴らしい家具をつくっていただけませんか」と言いました。そこで王は彼女の言うことすべてを聞き届けました。すぐに「陛下―生命・繁栄・健康―」は熟練した職人たちを派遣し、「ファラオ―生命・繁栄・健康―」のワニナシの木は切り倒されたのです。今や王妃となったその女は、それを見ていました。すると木片が飛び散り、彼女の口のなかに入ってしまったのです。彼女がそれを飲み込むと一瞬で身ごもったのでした。王は木を彼女が望むようにしました。

それから何日も経過した頃、彼女は男の子を出産しました。そして「陛下――生命・繁栄・健康――」に「あなたに息子が生まれましたよ」と伝えられたのです。続いて彼（男の子）が連れて来られ、乳母と召使が彼のために任命されたのです。そして国中が喜びに包まれたのでした。王は座って祝いました。そして彼を育て始めたのでした。「陛下――生命・繁栄・健康――」は、彼を生まれた当初から大変可愛がりました。そして彼をクシュ総督に任命したのです。それから何日も経過した頃、「陛下――生命・繁栄・健康――」は、彼を国の皇太子としました。その後時は流れ、彼が国の皇太子として何年も経った頃、「陛下――生命・繁栄・健康――」は天空へと旅立ったのです。

その時、新しい王は「「陛下――生命・繁栄・健康――」の高官たちを私の下に連れて来るのです。私は彼らに私に起こったすべてのことについて話そうと思う」と言ったのでした。それに続いて彼の妻（王妃）が彼のもとに連れて来られ、彼らの前で彼は彼女との過去について言い争ったのでした。そして決着が彼らの間で着きました。彼の兄（アンプ）が連れて来られ、彼は全土の皇太子に任命されたのです。バタはエジプト王として三〇年間在位しました。彼が亡くなった後、その日のうちに彼の兄が王位を継いだのです。
これにて終わり、めでたし、めでたし。

クシュ総督とは、「クシュの王子」とも呼ばれた、新王国時代（紀元前一五五〇～一〇六九年頃）の間のヌビア統治者に用いられた称号・役職・肩書のことである。

クシュ総督

第一八王朝初頭は軍事的な責任を持つヌビアの主要な行政官に過ぎなかったが、アメンホテプ三世治世（紀元前一三九〇～一三五二年頃）にはヌビアの金鉱山に対する責任も任されるようになった。その役職の主な役割は、税や貢物の取り立て、金採掘の組織編制である。クシュ総督は二人の代理人に補佐され、そのうちの一人はクシュ（上ヌビア）で、もう一人はワワト（下ヌビア）において任務遂行権を持っていた。

考察―古代エジプトの死生観とキリスト教

この「二人兄弟の物語」は、男女の不義の物語として有名である。『旧約聖書』の「創世記」第四章や第三九章をはじめとする様々な同様の不道徳なストーリーに描かれた「兄が弟を殺害する」「兄嫁が弟を誘惑し、その汚名を着せる」というありがちな展開の起源が、この古代エジプトの「二人兄弟の物語」に起因すると考える人は多い。しかし、その知名度と道徳的批判には、キリスト教の影響、特にキリスト教的道徳観が透けてみえる。もし古代エジプト的道徳観に立脚してこの物語をみるならば、単純な「男尊女卑」を超えた古代エジプトにおける「賢い＝狡猾な女性」像の存在が見え隠れするのではないか。兄の妻も弟の妻も最初は企てに成功するのである。そこには単純な勧善懲悪は存在しない。兄の妻は弟を罠にはめること、自分の夫を騙すことに「成功する」のだ。また弟の妻は時のファラオの寵愛を受け、王妃にまで上り詰めるのである。両者ともに最後は悲劇・失敗で終わるとしてもだ。

さらにこの物語からは、様々な情報が読み取れる。例えば古代エジプトでは、心臓が大事であり、心臓さえ無事であれば、あの世＝杉の谷から戻って来て再生復活できるのだという考え方があったことがわかるのだ。古代エジプトの死生観を理解する手がかりが存在しているのである。あるいは日々の農民たちの様子もうかがえる。そして何より、不可思議な現象を描いたストーリーを古代エジプト人たちが好んだこともわかるのである。殺されても殺されても蘇り相手に復讐を企てるバタの存在は、現代の「世にも不思議な物語」や「トワイライトゾーン」の脚本にも影響を与えているのかもしれない。古代エジプトの影響は意外と身近にあるのだ。

「雄弁な農夫の物語」——理不尽に立ち向かう庶民

解説とあらすじ

「雄弁な農夫の物語」は、古代エジプト文学史上最長をほこる文学作品だ。残存する写本はすべて中王国時代（紀元前二〇五五〜一六五〇年頃）のものである。ただし、部分的に内容がわかりやすいとはいえないのが難点である。語彙（ロバの背に積んだ商品の種類）の多さや物語の時代背景（社会的混乱期とされる第一中間期〈紀元前二一六〇〜二〇五五年頃〉末頃）、そして地名の不明瞭さがその大きな原因としてあげられてきた。そのことを如実に示しているのが、この物語の名称である。昔から慣例のように、主人公は「農夫」あるいは本文の内容を鑑み「オアシスの男」などと呼ばれてきた。しかし、主人公クーエンアンプは、複数のロバにたくさんの荷物を背負わせて、遠方からナイル河近くにやって来る人物なのである。「農夫」というよりも「商人」と呼

表6　「雄弁な農夫の物語」登場人物・神々

クーエンアンプ	セケト・ヘマト（塩の原）の農夫
メリト	クーエンアンプの妻
ネムティナクト	イスリの息子で，家令長レンシの部下
レンシ	メルの息子である家令長
ネブカウラー	第９王朝・第10王朝として，ヘラクレオポリスからエジプトを支配したケティ３世のこと
太陽神ラー	太陽円盤を頭に載せたハヤブサ姿の神．神々のパンテオン（神々の序列）のなかで最重要神
ハピ神	ナイル河の氾濫と結びつく豊穣の神．膨らんだお腹と垂れ下がった胸をした青色の肌を持つ両性具有の神
ヘリシェフ神	ヘラクレオポリスのヒツジの神．「自らの湖の上に立つもの」の意味
アヌビス神	山イヌやジャッカルの容貌をしたミイラ製作・埋葬と来世に関わる死の神

ぶ方が的確のような気がする。また常に端々に登場はするが、神々が大きな役割を果たさない点もこの話の特徴といえるかもしれない。

あらすじだけみれば、前述した難点と異なり極めてわかりやすいものとなっている。主人公クーエンアンプは、荷物を積んだロバとともにナイル河畔へやって来る。そこで強欲な役人に理不尽な言いがかりをつけられ、積み荷をすべて奪われてしまう。そこでクーエンアンプはこの役人の上司であり、王室の家令長レンシのもとに日参して正義を訴えるが、彼の弁論があまりに巧みなために、レンシは故意に結論を先延ばしにして、王にその興味深い言葉を報告するというものである。

「西方のオアシスからやって来た男」

昔々、クーエンアンプという名前の男がおりました。セケト・ヘマト（塩の原）の農夫で、メリトという名前の妻を持っていました。ある日、この農夫は妻に対して、「見ているがよい。私は子どもたちの食糧を持って来るために、エジプトまで下ってこようと思う。私のために倉庫にある大麦を量って持って来てくれ。去年の残りの大麦のことだ」と言ったのです。言われた通りに妻がすると、彼は大麦六杯を彼女に渡しました。続いて農夫は妻に「見てみなさい。ここにあなたと子どもたちの食糧として二〇杯の大麦がある。そのうちの六杯の大麦から日々の食糧として、生きるためのパンとビールをつくってくれないか」と言いました。そして農夫は彼のロバたちの背に、葦《あし》、ハーブ、ナトロン、塩、木材、ファラフラ・オアシス産の木材、ヒョウ皮、山犬の毛皮、ネシャ草、アヌ草、テネム草、ケペルウ草、サフウト、サスクト、ミスウト草、セネト石、アバ石、イブサ草、インビ草、ハト、ナルウ鳥、ウエゲス鳥、テブウ、ウベン草、テベス草、ゲンゲント、小麦、インセトの種など、セケト・ヘマトのあらゆる産物を山盛り積んでエジプトへと向かったのです。

農夫は歩みを進め、ネン・ネスウ（都）に向かって南へと旅し、メジュニトの北にあるペル・フェフィ地区にたどり着きました。そこで彼は川岸に立っていたネムティナクトという名前の男と出会ったのです。彼はイスリという名前の男の息子で、メルの息子である家令長レンシの部下の一人であったのです。ネムティナクトは、農夫のロバたちを目にして大喜びし、「この農夫の持ち物を没収する力を授けてくれる何らかの魔法を私が持っていたらよいのに」と呟いたのです。このネムティナクトの家は狭い道の入口の合流地点にあり、腰布程度の狭い幅しかなかったのです。片側には水が流れ、もう片側には大麦畑があったのです。その時、ネムティナクトは彼の召使に、「私の家から布の切れ端を持って来い」と言ったのです。ただちにそれは彼に届けられました。そして彼はそれを道の入口の合流地点に広げたのです。そうすることで、布の端が水に触れ、もう一方の端は大麦に届いたのです。

ロバに載せられた多種多様な商品

クーエンアンプがロバたちの背に載せていた荷物がここでは羅列されている。それらのなかには同定されているものもあれば、研究者レヴェルでいまだ議論されているものもある。これらに注目する人たちは、クーエンアンプが一体どこからやって来たのかを知るヒントだと考えている。つまり、ある地方・地域でのみでとれる特産品がそこに確認できれば、彼の出身地が判明し、この物語の背景が理解しやすくなるということなのだ。

注目すべき語彙として、地名のファラフラ・オアシス（エジプト中西部にあるオアシスの町）以外にナトロンと塩がある。いずれもナイル河から西方のオアシス地域の特産物である。

ネン・ネスウは王都ヘラクレオポリス

ファイユーム地域にあった都市で、ネン・ネスウは古代エジプト名である。ギリシア名のヘラクレオポリスの方がよく知られている。ヒツジの姿をした神ヘリシェフ（ヘリシェフはギリシア人によって彼らの神ヘラクレスと同一視された。それゆえ町の名前はヘラクレオポリスなのである）の崇拝拠点として早くから重要であった。ヘラクレオポリスはまた上エジプト第二〇ノモスの州都でもあった。第一中間期（紀元前二一六〇～二〇五五年頃）の第九王朝および第一〇王朝の本拠地、また第三中間期には即位前のショシェンク一世（紀元前九四五～九二四年頃）の支配拠点でもあった。

ちなみに本文中に続いて登場するメジュニト（アフロディトポリス）は、ヘラクレオポリスの北に位置する上エジプト第二二ノモスの州都名である。

「役人から言いがかりをつけられる農夫」

農夫は公道をやって来ました。するとネムティナクトは、「注意しろ、農夫よ。私の衣服を踏むな」と言ったのです。そこで農夫は、「あなたが満足するようにいたしましょう。私の歩む道は正しいのですから」と言ったのです。そして土手に向かって歩き出しました。するとネムティナクトは、「あなたの通る道とは私の大麦畑のことなのか」と言ったのです。そこで農夫は、「私の歩む道は正しいのですから。しかし河岸は急こう配ですので、私は大麦畑を通るしかないのです。あなたがあなたの服で道をふさいでいるからです。あなたは我々に道を通過させせないおつもりですか」と言ったのです。農夫がちょうど言い終えたその時、一頭のロバが大麦の穂を食べたのです。するとネムティナクトは言ったのです。「それ見たことか農夫よ。私はあなたのロバを没収する。そいつが私の大麦を食べたからだ。見よ、彼は彼の罪ゆえに大麦を踏んで歩くことになるのだ」と。しかし、農夫は繰り返し言いました。「私の歩む道は正しいのですから。被害を受けたのはたった一つの穂ではないですか。もしあなたが一つの穂を食べたことで彼を捕らえるべきだと言うのなら、私はそれと同じ値段で私のロバを買い戻すことができるとでも言うのでしょうか。そのうえ、私はこの土地の所有者を存じております。それはメルの息子である家令長レンシです。そして、彼はこの地域全体のすべての泥棒行為を阻止してくれるのです。私は彼の土地でものを盗まれるのでしょうか」と。するとネムティナクトは、「「貧しい男の名前は彼の主人のためだけに発せられる」という有名なことわざがあるのを知らないのか。私はお前に話しているのに、お前はずうずうしくも家令長に懇願しているのだ」と言い返してきたのです。そして彼は、自身で青々としたタマリスクの枝を手に取り、それでもって農夫の全身を叩いたのです。それからロバたちを没収して、彼の土地に追い込んでしまったのでした。

農夫は自分に対してなされた仕打ちに対して憤りを通り越し、嘆き悲しんだのです。しかし、ネムティナクトは、「声をあげるな、農夫よ。見よ、お前は沈黙の主の館へ行くのだから」と言ったのです。そこで農夫は、「あなたは私を激しく打った。あなたは私の財産を奪った。そのうえ、私の口から出る嘆きさえも奪うというのか。沈黙の主よ、私の財産を私に戻したまえ。そうすればあなたを困らせる私の嘆き声を止めましょう」と言い返したのです。そして農夫は、ネムティナクトへの嘆願を一〇日間続けました。しかし、彼はそれを無視したのでした。

日本の戦国時代との比較

この話を読んだ時に、私は戦国時代に毛利家《もうりけ》の家中が主家の毛利元就《もとなり》に提出したという連判起請文《きしょうもん》である「毛利文書」に記された条文の一つを思い浮かべた。それは、「牛馬について、人の牛馬が自分の作物を食べてしまっても、持ち主の下へ返す、但し三度放して自分の作物を食べたならば、その牛馬は捕獲してもよい」というものだ（黒田二〇〇六）。

戦国大名の領国における村同士の紛争解決に機能した一種の法（判断基準）が、一六世紀半ばの日本には存在した。両時代には数千年の開きがあることから、ここでエジプトと

図25　「最後の審判」で判決を下すオシリス神（Harris and Pemberton 2005）

日本の法制度の優劣を述べるつもりはない。ただ、農民は世界中どのような時代でも同じような問題に直面していたのだと思うのだ。

沈黙の主とは誰か

「沈黙の主」とは、オシリス神のことを意味している。オシリス神はミイラの姿であらわされる冥界の王である。死者が死の直後に受ける「最後の審判」の際の裁判官（図25）でもあった。死者は生前の行いを問われるために、冥界の入口で裁判を受ける。心臓が正義の羽マアトと釣り合えば、あの世へ到達する資格を得ることができるが、もし傾けば、心臓はころがり落ちて怪物アメミトに食べられてしまうのである。

つまり「沈黙の主の館へ行く」とは、死者となって審判を受ける＝「死ぬ」という意味なのである。ネムティナクトは、この言葉で死を意識させクーエンアンプを脅したのである。

「農夫は家令長レンシに直訴する」

そこで農夫は、メルの息子である家令長レンシに直訴するためにネン・ネスウに向かったのです。彼はちょうど公用船に乗り込むために自宅の扉から出て来ていたレンシと遭遇しました。そして農夫は言ったのです。「あなた様に私の実情をお知らせすることをお許しください。あなたの誠実な部下のお一人をどうか私のもとに遣わしてください。そうすべき理由があるのです。そのことについて話し終えたら、私は彼をあなたのもとへ送り返すでしょう」と。その時、メルの息子である家令長レンシは信頼できる部下に、彼（クーエンアンプ）に会いに行くよう命じたのです。そして農夫は事細かくこの問題に関して伝え、彼の部下を帰らせたのでした。

メルの息子である家令長レンシは、彼の権威の下にいる裁判官たちにネムティナクトに対する罪を問いました。しかしながら、彼らは彼（レンシ）に次のように言ったのです。「おそらくこれは彼（ネムティナクト）の畑の農夫でありながら、彼以外の畑に行った者なのでしょう。結局のところ、これは彼らがいつも、他の者の畑に行った農夫を処罰する際の方法なのです。これは彼らがいつもしていることなのです。ナトロンの断片と少量の塩が理由でネムティナクトを処罰する必要があるでしょうか。それを返すように命令されれば、彼（ネムティナクト）はそれを返すでしょう」と。すると家令長レンシは沈黙したまま、裁判官たちに何も言わず、農夫にも何も答えなかったのです。

そこで農夫はメルの息子である家令長レンシに直訴に訪れ、次のように言いました。

「おお、家令長殿、私の主、偉大なる者のなかで最も偉大なる者、まだ存在していないものと今存在しているものすべてのものの調停者よ。もしあなたが正義の湖に船出するならば、あなたはその上で風とともに航海するでしょう。あなたの船の帆は破れることはないでしょうし、座礁することもないでしょう。あなたの帆柱が損傷を受けることもないし、あなたの帆桁《ほげた》が壊れることもないでしょう。陸に到着しても沈没することはないし、波があなたを連れ去ることもないでしょう。あなたがナイル河の危険を経験することも、恐怖を目の当たりにすることもないでしょう。勢いよく泳ぐ魚があなたのもとに来るでしょう。そしてあなたは丸々と肥えた鳥を捕まえるでしょう。というのもあなたは孤児にとっては父親で、未亡人にとっては夫で、家から追い出された彼女にとっては兄弟で、母親のいない彼にとっては衣服なのですから。すべてのよき法律に従って、この国中であなたの名前を褒めたたえることをお許しください。強欲さによって不正なき指導者、声によって穢れなき貴人、偽りを拭い去る者、正義を育む者、声上げる者の嘆願に応えてくれる者よ。私が話をするとあなたはきっとお聞き届けくださるでしょう。正義で満たしてください、称賛される者よ。称賛される者たちによっても称賛される者よ。私の苦悩を取り去ってください。見よ、私は苦しめられているのです。私を気にかけてください。見よ、私は苦悩しているのです」と。

ナトロンとは何か

ワディ・ナトゥルーン（エジプト北西部の町）でとれる天然に産出する炭酸ナトリウムのことである。しばしば塩湖で産出される。日常的に石鹸の代わりとして、またガラスおよび釉薬《うわぐすり》として使われた。古代エジプトにおいて、最もよく知られた使用法は、ミイラ製作の際に乾燥剤や防腐剤としての重要な役割を果たしたことである。またナトロンは油と混ぜることにより、燃やした際に煙が出にくくなる性質を持つことから、暗闇で壁画を描いたり、レリーフを彫る際に使用された。

「レンシ、陛下の御前に報告」

この農夫が以上の言葉を話したのは、陛下、上下エジプト王、声正しき者ネブカウラーの治世のことでした。メルの息子である家令長レンシは、陛下の御前に参り、「我が君主、私は農夫たちのなかに極めて雄弁な者を見つけました。彼の財産が私の所の役所に勤める一人の男によって奪われたのです。すると見てください。彼はそのことを私に陳情に来たのです」とお話しになりました。すると陛下は次のようにおっしゃったのです。「あなたが私の健康を望むのであれば、彼の言うことに一切応えずに、彼をここに引き留めておきなさい。彼が話を続けられるように、黙ったままでいるのです。彼の言葉を書き留めて、私たちに持って来るのです。

我々はそれを聞くでしょう。ただし彼の妻と子どもたちが生活できるように手段を与えるのです。注意を怠るではない。家のなかに何もなくなった時にのみ、このような農夫は一人で町にやって来るものだからだ。さらにこの農夫自身も生活できるように手段を与えてやるのです。あなたは、あなたがそれを彼に与えていることを彼に気づかれることなく、彼に食糧が渡されるのを見ておくのですよ」と。

そこで彼には、毎日パン一〇斤とビール二杯が割り当てられることになったのです。それらを提供したのは、メルの息子である家令長レンシでした。彼はそれらを彼の友人に渡し、その友人がそれらを農夫に与えたのでした。次に家令長レンシは、セケト・ヘマトの知事に、その農夫の妻の毎日の食糧である大麦三杯について手紙を書いたのです。

日々の糧をクーエンアンプに渡す場面では、王に命じられたレンシがその行為をクーエンアンプに気づかれないように、友人を通じて行ったことが記されている。

ピラミッド型の社会構造

つまり、このシーンのなかには社会身分の最上段に王がおり、その下に家令長（そしてその友人）がおり、一方で知事もいて、家令長の部下の役人ネムティナクトがいて、そして農夫（商人）がいる。もちろんクーエンアンプの妻子も描かれている。

当時のエジプトにおいて存在していたピラミッド型の社会構造の実態が、この物語からは垣間見られるのである。古代エジプトでは、親の職業を継ぐことが基本であったことから、このピラミッド型の社会構造から抜け出すことは困難であった。大工の息子は大工に、漁師の息子は漁師となった。唯一その永遠の循環から抜け出すことできるチャンスが、勉強をして書記になることであった。

「農夫の二度目の直訴」

農夫は彼のもとに二度目の陳情にやって来て、次のように述べました。

「おお、家令長、我が主、偉大なる者のなかで最も偉大なる者、富める者のなかで最も富める者、偉大なる者のなかでも偉大なる者、富める者のなかでも富める者よ。おお、天空の舵よ。地上を支える支持梁《しじばり》よ。おお、錘《おもり》のついた下げ振りよ。舵は操縦されてはならない。支持梁は載せるな。下げ振りは揺れ動かすな。力強き君主というものは、その持ち主が失ったものを取り戻すべきですし、孤独な者を守るべきなのです。あなたが求めるものは、一杯のビールも三斤のパンもあなたの家にあるのです。あなたに陳情する人物に賠償のためにいくらかかるというのですか。死を免れない人間というものは、彼の支配下にある人々と一緒に死すべき運命にあるのです。あなたは永遠に生き続けるおつもりですか。確かに悪いことは起こるでしょう。天秤が傾いたり、物価が落ち込んだり、清廉潔白な男が詐欺師になったり。見るがよい、正義があなたから逃げていくのです。高位から追放され、貴族たちは罪を犯すのです。正しい言葉は覆され、裁判官たちは盗品を盗もうとするのです。正しい道へと物事を導ける人が間違いを犯そうとしています。呼吸を届ける人が地面に倒れてしまっているし、鼻孔をリフレッシュさせる人が男たちの息を切らせているのです。今や調停者が泥棒となり、不安を鎮めるべき人がその原因をつくっているのです。町は悪意に満ち、邪悪なものを懲らしめる人が犯罪を実行しているのです」と。

するとメルの息子である家令長レンシは、「それは私の部下があなたを捕らえるよりも、あなたにとっては重大なことなのか」とおっしゃったのです。しかし、農夫は続けました。「税の割り当てを量る人が横領しています。他の者のために管理を任されている人がその商品を奪うのです。法律を遵守するように諭す人が犯罪を見逃しているのです。不正を正す人は本当にいるのでしょうか。犯罪を一掃すべき人が悪事を犯しているのではないでしょうか。逆境においても几帳面《きちょうめん》な人もいれば、犯罪をすることで注目を浴びようとする人もおります。あなたはこのなかに、あなたについて述べられた文言を見つけましたでしょうか。処刑はすぐに終わるものですが、不正は長くはびこるものです。よい行いは自分に戻って来るものです。ここに一つ格言があります。「あなたのために何かをしてくれる人のために、彼がしてくれるかもしれないことをあなたはしてください」というものです。それは彼がしてくれるであろうことに感謝することであり、攻撃するよりも回避する方をよしとするということであり、熟練の職人にそれをゆだねるということなのです。破壊の瞬間というものをご存知でしょうか。あなたのブドウ畑の荒廃、あなたの鳥たちの飢え、あなたの水鳥たちの破滅、彼を盲目にさせ、彼の耳を不自由にすること、そして道案内する人が今道に迷っているのです。……見よ、あなたは強力で力強く、両腕を限界まで伸ばし、心は欲深い。そして慈悲はあなたの遥か遠くにあるのです。あなたに打ち砕かれた哀れな人々は、どれほど貧窮にあえいでいることか。あなたはワニ神ケンティの使者のようです。あなたは疫病の女主人セクメト以上に恐ろしいです。もしそれがあなたとは関係がないのなら、彼女（セクメト女神）とも関係がないでしょう。もし彼女に何の影響も与えないのなら、あなたにも与えないでしょう。もしあなたが何もしないなら、彼女も何もしないでしょう。生活に余裕のある者は心優しく、力は絶望に宿るものです。何も持たざる者にとって盗みはごく自然なことで、犯罪者によって盗みは行われるのです。欲しがる者によってなされることは犯罪に過ぎません。しかし、人はそのために彼を怒ることはできないでしょう。というのは、それは彼自身のために何かを求めているだけなのですから。しかしながら、あなたは食べるべきパンを持ち、あなたのビールは満たされています。あなたはあらゆる種類の服を持っています。漕ぎ手の視線は前にだけ向いているものです。しかし、船は勝手にルートからそれていくものなのです。王は王宮にいらっしゃいますが、舵はあなたの手のなかにあるのです。しかし、悪事はあなたの周りで横行しているのです。私の嘆願は長期にわたり、その負担は私の運命なのでしょう。人々は「あなたはどうしてもらいたいのですか」と尋ねてきます。あなたの河岸が安全であり続けるように避難場所をつくってください。見よ、あなたの住居はワニで囲まれているのですよ。あなたの舌が正しくあり、それを迷わせませんように。そのなかにいる一人が悪意のある人かもしれないのです。嘘をつくことは許されません。裁判官たちに警戒し続けなさい。判事たちは貪欲なものです。嘘をつくことは、彼らにとっては朝飯前なのです。そのようなちょっとした毒気は彼らにとっては愉快なことなのです。すべての人々の問題についてご存知のあなたが、私の苦境を無視できるものなのでしょうか。すべての水問題を解決してくれるあなたよ。見よ、私は船のない航海の途中なのです。溺れるすべての者にとっての安全なる波止場であるあなたよ。難破した者を助けたまえ。そのお力で窮地から救いたまえ」と。

「農夫の三度目の直訴」

農夫は彼のもとに三度目の直訴にやって来て、次のように言いました。「家令長、我が主、あなたは太陽神ラーであり、天空の主で従者とともにあります。すべての人々の食糧は、ナイル河の増水と同じようにあなたからもたらされます。あなたは野を緑にし、砂漠を蘇らせるハピ神なのです。泥棒を懲罰する者であり、悲嘆に暮れる者の守護者です。嘆願者に対して荒れ狂う激流となってはなりません。永遠が近づくことに対して慎重になってください。「正義を行うことは鼻から呼吸をするようなものだ」と言いながら、残りの人生を慈しんでください。犯罪を犯した者には罰を与えてください。あなたの高潔さに匹敵する者はいないのですから。天秤はずれてしまうでしょうか。竿秤《さおばかり》は傾いてしまうのでしょうか。慈悲深きトト神と一緒の時にあなたは悪さをするのでしょうか。あなたはあなた自身にこれら三つが平等であることを示さなければならないのです。これら三つが穏やかであれば、あなたも穏やかに違いないのです。悪意をともなうよき答えなど存在しません。何かを別の場所に置くべきではありません。話し言葉は雑草よりも早く育つものです。その答えの息吹は人を苦しめます。その時には衣服を広げるよりも早く、悪意が溢れ出すでしょう。あなたを行動させようと私が試みたのは今回で三度目です。あなたは帆に気を配りながら、あなたの航路の舵をとらねばなりません。正義を実行するかのごとく波に乗らねばならないのです。あなたは座礁する可能性があるので、舵柄《かじづか》のロープを使って警戒するのです。国の安定とは正義を実行することなのです。嘘をおつきになってはなりません。あなたは高貴なお方なのですから。心が狭くならないように。あなたは別格なのですから。嘘をおつきになってはいけません。あなたは天秤なのですから。道を踏み外してはなりません。あなたは公平であるべきなのですから。見よ、あなたは天秤とともにある唯一の存在なのですから。もし天秤が揺れ動けば、あなたも揺れ動くでしょう。流されますな。あなたの航路に舵をとるのです。舵柄のロープを引き寄せるのです。強盗を働かず、泥棒に対しては対策を講じるのです。強欲のなかにいる偉大な人物は、真の偉大な人物ではないのです。あなたの舌は下げ振り糸であり、あなたの心臓は錘であり、あなたの上下の唇はそれを支える両腕なのです。もしあなたが残忍な行為から顔を背けるならば、一体誰が悪をたしなめるのでしょうか。見よ、あなたは見下げ果てた掃除夫です。友人を虐待するために捕らえるような人なのです。顧客のために友人を見捨てる人なのです。それは彼らが贈り物を持ってやって来る兄弟だからなのでしょう。見よ、あなたは金を支払う者にのみ川を渡す渡し守のようです。誠実さを切り捨ててしまった誠実な人です。見よ、あなたは貧しい者がつけで買うのを許さない倉庫の管理官です。見よ、あなたは庶民にとって最も弱い鳥たちを食べて生きる鷹のようです。見よ、あなたは屠殺を楽しむ肉屋です。切り刻むことは彼にとっては何の意味もないことなのです。見よ、あなたは群れに注意を払わない憐れむべき羊飼いです。空腹のワニのようには振る舞わないでください。国中のどこにも安全な場所などないのです。それは聞き手であるあなたが聞かないからなのです。なぜあなたは耳を傾けてくれないのですか。今日こそ私は略奪者を撃退したでしょうか。ワニは退散したでしょうか。あなたにとってそれが何の利益になるというのですか。隠された真実が今や明らかとなったので、偽りは地面に投げつけられるでしょう。明日はまだやって来ていないのに、明日のことを考えますな。どんな悪意があるのか誰も知らないのですから」と。

農夫は裁判所の入口でメルの息子である家令長レンシに、このように語りかけたのです。そこでレンシは二人の従者に鞭を用意させ、それで彼（農夫）の全身を打たせたのです。その時、農夫は言いました。「メルの息子は過ちを犯しています。彼の顔は彼が見るべきことに目をつむり、聞くべきことに耳をふさぎ、彼の心は注意を向けるべきことを無視しているのです。見よ、あなたは知事不在の都市のようです。統治者不在の国民のようです。船長不在の船のようです。指導者不在の民衆のようです。見よ、あなたは盗みを働く警官です。賄賂を受け取る知事です。あなたは犯罪を抑止する責任を持つ地域の行政官だが、今や犯罪者のお手本になっています」と。

「農夫の四度目の直訴」

農夫は彼（レンシ）のもとに四度目の直訴にやって来ました。彼はヘリシェフ神殿の門から出てきたレンシを目にしました。そして言ったのです。「慈悲深きお方。あなたが今まさに出て来られた神殿の主であるヘリシェフ神があなたに慈悲深くありますように。忠義なきため、よきことは滅ぼされました。地面に向かって虚偽を叩きつける気力もありません。もし船が岸に引き上げられたなら、人はどのようにして川を渡ればよいのでしょうか。成功は醜態のなかで達成されるものです。川を歩いて渡ることが、妥当な手段だとでもおっしゃるのでしょうか。そんなことはできないのですよ。今や誰が夜明けまで平安に眠れるというのでしょうか。夜出歩いたり、日中に旅したり、理由があって立っている人を容認することはできなくなってしまったのです。それは本当に素晴らしいことなのに。見よ、このようなことをあなたに話す者には何の得もないのです。思いやりの心はあなたから遠く離れてしまっているのです。あなたにひどい仕打ちをされた惨めな人々がどれほど貧困にあえいでいることか。見よ、あなたは自己満足している漁師なのです。自分のやりたいことだけしようとする者なのです。カバに銛《もり》を打ち込み、雄牛に矢を放ち、魚を捕り、鳥に罠を仕掛ける者なのです。早口でまくし立てる人は、不謹慎な話題から逃れられません。心の明るい者は気持ちが病んでおりません。我慢すれば、あなたは正義を知るでしょう。自制心をお持ちください。そうすれば謙虚な嘆願者と上手くいくかもしれません。成功を手にする者にせっかちな人はいません。権力が授けられる方は我慢強い人なのです。眼を見開き、あなたの心を気づかせてください。あなたの権力にて横暴になりまするな。さすれば悪意があなたに襲いかかることはないでしょう。一つの問題に目をつぶれば、それは二つになってしまうでしょう。懲罰を味わうのが食べる人で、答えるのは尋ねられた人で、夢を見るのは眠る人なのです。懲罰に値する裁判官もまた間違いを犯している人の典型なのです。愚か者よ、見よ、あなたは

図26　ナイル河に生息していた魚類

襲われるでしょう。あなたは無知なのです。見よ、あなたは尋問を受けるのです。あなたは中身のない壺なのです。見よ、あなたは無防備なのです。漕ぎ手よ、船を航路から外させるな。命を与える者よ、人々を殺させるな。供給者よ、人々を破滅させるな。日陰よ、太陽を呼び込むな。避難場所よ、ワニに私を連れ去らせるな。これが私があなたにした四回目の嘆願です。私はこのことに私の持つすべての時間を使わねばならないのでしょうか」と。

「農夫の五度目の直訴」

農夫は彼のもとに五度目の直訴にやって来て言いました。「おお、家令長、私の主よ。クウドウ漁師はイイ魚を仕留めます。銛打ちはアウベブ魚に銛を打ちこみます。ジャブウ漁師はパケル魚をやすで突きます（図26）。ウフア漁師は川を荒らします。見よ、あなたは彼らと何も変わらないのです。あなたの知る身分の低い者のわずかな商品を奪ってはなりません。彼の所有物は貧しい者の息そのものなのです。そしてそれらを盗むことは、彼の鼻をふさぐようなことなのですから。

あなたは訴えに判定をくだすために任命されたのです。両者を裁き、盗みを犯した泥棒を処罰するためにです。見よ、あなたの行動は泥棒を支持するものです。人々はあなたを信用していますが、あなたは法を犯すものに成り果てています。あなたは貧者が溺れることがないように、ダムとなるべく任命されたのです。それなのに、見よ、あなたは彼に対して激しい怒りをぶつけているのです」と。

古代エジプトにおける魚と漁撈

古代エジプトでは、ハトメヒト神のように魚が神格化される場合があった。しかし、通常漁師を中心に実施されていた漁撈《ぎょろう》は、先王朝時代（紀元前五三〇〇〜三〇〇〇年頃）以来、エジプトにおいてタンパク質獲得の重要な活動であった。

ナイル河以外にも、北の地中海、東の紅海《こうかい》およびファイユームの湖には魚が豊富であった。墓に描かれた数多くの壁画は、古代エジプト人たちが様々な種類の魚に関する知識と魚を捕まえるための手段（例えば罠・網・銛）を持っていたことを明らかにしてくれている。また、富裕層はまるで古代ローマの貴族たちのように池で魚を飼うこともあった。

「農夫の六度目の直訴」

農夫は彼のもとに六度目の直訴にやって来て言いました。「おお、家令長、私の主よ。正義を育む者は嘘をつくことが少ないのです。よきことを育む者もまた邪悪なものの破壊者なのです。空腹が満たされれば飢えが終わるように、服があれば裸でなくなるように、強風が過ぎ去った後に空が穏やかになり凍えていた人々すべてを温めるように、炎が生の食べ物を調理するように、水が渇きを和らげるように、あなたの目の前を真っすぐにご覧ください。仲裁者が泥棒になっています。平和をつくるべき人が悲惨な状況を生み出しているのです。平穏を生み出す人が問題を引き起こしております。他人を騙す人は正義を貶めるのです。よきことで満たされていれば、正義は詐欺をしないし、強要することもないのです。もしあなたが何かを受け取るのなら、それをあなたの仲間と分かち合ってください。もしあなたが身勝手に何かを貪り食うのなら、公正さを欠くことになるのです。しかし私の苦悩は、お別れにつながるのです。私の告発は私の訴えの却下をもたらすのです。心のなかのことなど誰にもわからないのです。怠けるべきではありません。私の訴えに耳を傾けるのです。あなたが何かを壊してしまったとしたなら、誰がそれを直してくれるのでしょうか。その測深棒は未使用の棒のごとくあなたの手のなかにあるのです。偶然にも水深があったからです。しかし、もし船が座礁するならば、船は荒らされるでしょうし、積み荷はそこら中の陸に放り投げられるでしょう。あなたは教育を受け、知性豊かで、洗練された人物です。その通りなのですが、それは盗むためではないのですよ。あなた自身をご覧ください。あなたは皆とまったく同じように振る舞っています。あなたのすべきことは逆のことなのですよ。すべての人々のお手本は、今や国全体の詐欺師なのです。邪悪な庭を手入れする者は、自分の畑に腐った水を引くものです。そして嘘で自分の区画を耕すのです。だからそのように灌漑《かんがい》することは、永久に不正行為なのです」と。

「農夫の七度目の直訴」

農夫は彼のもとに七度目の直訴にやって来て言いました。「おお、家令長、私の主よ。あなたは国全体の舵なのです。国はあなたの指針に従い航海に出るのです。あなたはトト神そのものです。差別なしに判決を出すお方です。我が主よ、寛大なれ。正義の名のもとにあなたに嘆願する男がいるのです。イライラしてはいけません。それはあなたに似合いません。遠くを見過ぎる人は不安を感じるものです。まだやって来ていないことについて考えないでください。まだ起こっていないことについて喜ばないでください。寛大さは友情を長続きさせるものです。しかし、犯してしまった過ちは無視するのです。人の心のなかをのぞくことは誰にもできないのです。もし法律が覆され、誠実が破壊されるのであれば、貧しい人は生きてはいけないのです。彼は騙されるであろうし、正義は彼を助けはしないのです。今や私の身体ははち切れんばかりであり、私の心は重荷を背負っているのです。そしてそれは私の身体から自然と溢れ出てくるのです。ダムには裂け目があり、水がどんどん流れ出してくるのです。そして私の口は話すために開かれたのです。

次に私は測深棒を繰り出し、私の身体に入ろうとする浸水を掻き出したのです。私は私の身体のなかにあった重荷を降ろしました。私は私の汚れた服を洗いました。私は言いたいことを言い終えました。私の苦悩はあなたの目の前にあるのです。一体何が足りないというのでしょうか。あなたの怠け癖があなたの判断を狂わせているのです。あなたの強欲はあなたを惑わせるのです。そしてあなたの物欲はあなたの敵を増やすのです。あなたは私と似たような農夫と再び出会うことがあるでしょうか。他人の痛みがわからない人であるのを知っていて、嘆願者は彼の家の扉の前に残るでしょうか。あなたが話をさせた人に無口な人はいないし、あなたが目覚めさせた人に眠っている人はいないし、あなたが元気を出させた人に疲れ切っている人はいないし、あなたがしゃべらせた人に口をつぐんでいる人はいないし、あなたが賢者にした人に無知な人はいないし、あなたが教育した人に不勉強な人はいないのです。しかしながら、裁判官は悪を追い払う責任を持っています。彼らは善行の達人であり、地上にあるものをつくり出す職人たちであり、切り取られた頭をくっつける責任を持っているのです」と。

差別なしに判決を下すトト神とは

頭上に満月と三日月を組み合わせた被りものをのせ、朱鷺《とき》の顔を持つトト神は、筆記用具の筆とパレットを持つ書記の守護神であり、筆記と知識の神であった。トト神は古代エジプト宗教で様々な役割を担っていた。そのなかで特に来世信仰においては、オシリス神の面前で神々の書記として死者の心臓計量の結果を記したため、あの世における死者の守護者とみなされていた。また、神々の不和の仲介者としての役目を務めた。秤を目の前にして、善悪の判断を下す神であったのである。それゆえに人々から尊敬されたが、その反面恐れられもしたのである。トト神の信仰の拠点は、ヘルモポリスであった。これはギリシアの知恵の神ヘルメスにちなんで名づけられた都市であった。つまり、古代ギリシア人たちもトト神を知恵の神とみなしていたのである。

「農夫の八度目の直訴」

農夫は彼のもとに八度目の直訴にやって来て言いました。「おお、家令長、私の主よ。人は身勝手さゆえにもがき苦しむのです。貪欲な男が成功することはありません。彼の成功とは失敗のことなのですから。あなたは貪欲ですが、それでは何も得ることはないでしょう。あなたが盗みを働いたとしても、あなたが得るものは何もありません。本当によいことをしようとして立ち向かおうとする男をお認めください。あなたはあなたの自宅に食糧を蓄えており、お腹は満たされています。あなたは穀物を有り余るほど持ち、まさに溢れんばかりです。溢れて飛び出したものは地上で枯れてしまいます。あなたは悪党で、泥棒で、搾取者です。しかし、裁判官は侵略者に対する衛兵のごとく悪を鎮圧する権限を与えられているのです。裁判官たちは、嘘と戦うための権利を持たされているのです。私があなたに嘆願するのは、あなたを恐れているからではありません。あなたは私の心をご存知ないのです。あなたのもとに苦情を訴えに何度も何度も戻ってきたこの貧しい男の心を。人が嘆願している人物を恐れることはありません。私のような人物がある地区から連れて来られるようなことは今後ないでしょう。あなたは国のなかに大農場を持っています。それを経営することで収入もあります。あなたは倉庫に食糧もあります。役人たちはあなたに支払い、あなたはそれを取り上げるのです。あなたは搾取者なのでしょうか。あなたの取り巻きとして、農地の割り当ての際に、人々はあなたに賄賂を持って来るのでしょうか。正義の主のために正義を実行するのです。その正義こそが本当の正義なのです。あなたこそがトト神の葦筆であり、パピルス紙であり、パレットなのです。悪行からは距離を置くことです。人が納得する善行は実際素晴らしいものなのです。正義は永久不滅なのです。そして正義はそのことを実行する者と一緒に墓までいくものなのです。

彼は埋葬され、大地は彼を包み込むでしょう。しかし、彼の名前は決して地上から消え去ることはないのです。彼の行った善行のため、彼の名前は記憶されるのです。それが神の御心の高潔さなのですから。竿秤であるならば、傾くことはありません。天秤であれば、一方に傾くことはありません。あなたのところに私が来ようが、他の誰かが来ようが、あなたは受け入れなければならないのです。黙っていてはいけません。人を罵らない人を罵ってはいけません。しかし、あなたは慈悲の心を見せてはくれません。あなたは心配もないし、混乱することもありません。あなたはこの見事な演説に対して、私に正当な報酬を与えてはくれません。それは太陽神ラー自らの口から発せられているというのに。正義を口にし、正義を行うのです。というのも、正義は偉大であり、称賛されるべきものであり、永久不滅のものであるからです。そして正義の高潔さは明白なのです。それは崇拝の状態を維持する要因にもなるのです。竿秤を傾けることができましょうか。その時に何かを支えているのは竿秤の両皿なのです。決して載せ過ぎてはなりません。不正行為では波止場に安全に到着はできないが、謙虚であれば陸に到着するでしょう」と。

「農夫の九度目の直訴」

農夫は彼のもとに九度目の直訴にやって来て言いました。「おお、家令長、私の主よ。人の天秤はその舌なのです。欠けているものを決めるのは秤なのです。罰を受ける人に対しては罰を与えて下さい。そうすればあなたの高潔さに皆は追随するでしょう。虚偽に関していえば、それは蔓延するかもしれませんが、正義がバランスをとってくれるでしょう。正義とは虚偽の終焉を意味し、嘘は滅び去り、もはやみられなくなるのです。もし虚偽が独り歩きし、道を見失うならば、渡し船は川を横切ることも、前進することもできないのです。嘘をつくことで豊かになる人が子どもを授かることはないし、この世に跡継ぎを残すこともないでしょう。嘘とともに航海する人は、陸に上がることもなく、彼の船は繋留地に到着することもありません。重い腰をお上げください。そして分別をお持ちください。遅くてもいけませんが、早くてもいけません。不公平ではいけませんが、思いつきで耳を傾けるのもいけないのです。あなたを知る者にあなたの顔を隠してはいけません。あなたが会ったことのある人に目を伏せてはいけません。あなたに助けを求めている人を追い返してはいけないのです。気の緩みを捨て去り、あなたの決意を表明してください。あなたのために動いてくれる人の代わりに行動してください。すべての人の声に耳を傾けるのではなく、正当な理由に従う人に応えるのです。怠け者に明日はやって来ません。正義に耳をふさぐ者には友人もいません。強欲な者に幸福な日は訪れません。原告が追放され、追放された者が弁護人となるでしょう。しかし、敵は殺人者となるかもしれません。見よ、私はあなたに訴えています。しかし、あなたは聞く耳を持ちません。もう私は立ち去ります。そしてアヌビス神にあなたのことを訴えに参ります」と。

アヌビス神への嘆願とは

「アヌビス神に訴える」という文言には、自殺するという意味が含まれている。アヌビス神は死者を冥界に導く神である。特に「死者の書」の挿絵にしばしば描かれた死者の裁判において、死者の心臓と正義の羽

（マアト）とを天秤にかける際に登場する。

冥界と密接なつながりを持つアヌビス神に会いに行くということは、死後の死者の裁判において、自らの潔白を告白し証明するつもりであるということだ。クーエンアンプは、命を懸けた最終手段に訴えたということになる。

「家令長レンシの告白」

メルの息子である家令長レンシは、彼（農夫）を連れて来るために二人の従者を向かわせました。その時、農夫は彼が行った訴えが原因で罰を課せられると思い、恐怖に怯えていました。そこで農夫は、「喉が渇いた者が水を求めて手をさし出すように、赤ちゃんが母乳を求めて口を近づけるように、それこそが彼の待ち望んでいた死であり、ついに遅れていたものがやって来るということなのです」と言ったのです。その時、メルの息子である家令長レンシは、「農夫よ、何も恐れる必要はない。見よ、あなたは私の意志に従って動いていただけなのですよ」と言いました。すると農夫は、「おお、我が人生よ。私は永遠にあなたのパンを食べ、ビールを飲みましょう」と誓ったのです。それに応えて、メルの息子である家令長レンシは、「ここで待っていなさい。あなたの訴えを聞きましょう」と言いました。そして彼は農夫のすべての嘆願が一字一句記された新しいパピルス紙を皆に読み聞かせたのでした。

続いてメルの息子である家令長レンシは、パピルス紙を陛下、上下エジプト王、ネブカウラー、声正しき者へと送ったのです。そしてそれらは国中にある何よりも彼の心を喜ばせたのです。すると陛下は、「メルの息子よ、あなた自身で評価を下しなさい」とおっしゃられました。そこでメルの息子である家令長レンシは、衛兵をネムティナクトのもとへと差し向けたのです。彼は連行され、彼の財産リストがつくられたのです。つまり六人の召使・大麦・エンマー小麦・ロバ・ブタ・小型家畜というものです。さらにネムティナクトは奴隷として、この農夫に与えられたのでした。めでたし、めでたし。

考察―神々に頼らない庶民の賢者

これは一種の「下剋上」ストーリーである。地元の強欲な役人に言いがかりをつけられた農夫が、エジプトで何よりも尊ばれた「言葉」を武器として、正義の名のもと、階級差を乗り越えるというものだ。このストーリーからわかるのは、古代エジプトの社会階層が明確に分かれていたこと、王を頂点としたピラミッド型の社会構造がそれなりに機能しており、下々の者たちの意見もくみ上げられるようなシステムとなっていたということである。たとえ下層階級に属する地方の一農夫であったとしても、雄弁に言葉を操る能力にたけていれば、その社会のなかで認められるということを、この「雄弁な農夫の物語」は示してくれている。主人公クーエンアンプは、自らの能力でピンチをチャンスに変えたのである。

「雄弁な農夫の物語」は、「エジプトには隠れた賢者が存在するのだ」、「正義（マアト）

を重んずるエジプトでは正義は必ず勝つのだ」というだけではなく、エジプト文化の中心であるナイル河周辺から遠く離れた地域においても、古代エジプトの教育システムが機能していたことを示してくれているのだ。地方の秀才たちが競争を勝ち抜き、最終的に国の高官である書記になることができるというシステムのことである。そこには能力主義を貴ぶ古代エジプト社会の様相が描かれているのである。

このシステムにはさらなる功罪がある。それは中央で出世を目指す者たちをふるいにかけるのと同時に、「ふるいにかけられて」落ちていった者たちのその後についてのことである。国家の中枢への出世を阻まれた者たちは、その現状の立ち位置で国や地方の行政機構のなかに属することを選ぶか、あるいは夢破れて故郷へと帰って行った。この後者の人々がそれぞれの町や村に学んだ知識や知恵を持ち帰り人々に広めたのである。村の学校の先生になった者もいるであろうし、私塾のような場所を提供した者もいたかもしれない。また自分の子どもに夢を託し勉強を教えることもあったであろう。だから、たとえ書記になることができなかったとしても、そのような人々が古代エジプト社会に存在した末端の教育システムの底上げに大いに貢献したことは間違いないのである。

「雄弁な農夫の物語」のなかでは、日本の時代劇にも当てはまりそうなシーンが連発される。知恵の回る農民と強欲な地主と話のわかる代官（あるいはその上に立つ北町奉行とか、ゆえに市中を徘徊する将軍様とか、身分を隠して全国を漫遊する副将軍とか）という構図だ。ゆえに我々には極めて理解しやすい話なのである。農業を基盤とした社会構造を持つ古代エジプト（人）と日本（人）とに共通点は多い。さらに我々はクーエンアンプの発する多様な言葉から、古代エジプト社会に存在していた道徳観を知ることができる点も見逃せない。この物語からは、当時の古代エジプト社会の様子・様相を垣間見ることが可能なのである。

永遠のナイル世界に生きる――エピローグ

現実の出来事に準じる神々の世界の出来事として人々がつくりだした神話＝「神々の物語」を、長きにわたり後世の人々に語り伝えるために語りの力は有効である。あらゆる面でナイル河を中心とした社会のなかで、古代から現代にまで継承された伝統や伝承、あるいは伝説や民話は、古代エジプト人たちが創造した神話の末裔ともいえるのだ。このような長大な時の流れが造形した伝統の他の例として、たとえば古代エジプトで出産の際の儀礼で臍《へそ》の緒を切るために使用されていたと考えられているペセシュ・ケフ（図27）という道具がある（Roth 1993、大城二〇一五b・二〇一七）。ペセシュ・ケフは、先端が二又に分かれた鋭いフリント製のナイフのようなものであった。少なくとも紀元前四〇〇〇年頃には、ペセシュ・ケフが知られていたが、エジプトではそれから五〇〇〇年後の一〇世紀に

図27　フリント製のペセシュ・ケフ（Bleiberg 2008）

も臍の緒を切る道具としてペセシュ・ケフと同型（そしておそらく同用途）の「二又の葦《あし》」が用いられていたことが報告されている。これは明らかに古代エジプト文化が五〇〇〇年間続いた結果によって生まれた現象といえよう。

また古代にテーベと呼ばれた現在のルクソールにある神殿の廃墟では、夜な夜な踊る小人が出現するという言い伝えがある。これは古代エジプトで人気のあった音楽と踊りの神ベス（図28）を連想させるものだ。古代の神殿のような廃墟は、昼間は世界中からやって来た観光客で溢れかえっているが、夜を迎えると状況は一変する。夜間、人々にとってそこは古代がむき出しになった空間であり、あやかしが跋扈《ばっこ》し、神々が往来する異界そのもの、あるいは一歩踏み出せば異界へと入り込む境界なのだ。

神話も儀礼の道具も多様な神々も、現代世界に生きる我々からみれば、それこそ小説や映画のなかで躍動する存在でしかない。しかしながら、異界との境界線がないのがエジプトの特徴なのである。だからこそ古代エジプトの神々は我々の身近な場所にいるのだ。アニミズムの変形と考えられる日本の付喪神《つくもがみ》のようなものは、古代エジプトに存在しない。ダイレクトな神々しか存在しないのだ。それはナイル世界において、この世とあの世との境界が極めて「明々白々に曖昧」だからだ。このアンビバレントな状況が古代エジプトという空間に神々と人間の物語を生み出させたのである。その特異な空間のなかで人々は社会を形成し暮らしていた。そして物語を編んだのだ。当然そこには彼らの日々の生活、思考や嗜好、愛憎と誠実、そして古代エジプトで最も重要とされた「マアト＝正義・秩序」が描かれたのである。

図28　マラカスを持ち踊るベス神（Friedman 1999）

つまり本書で紹介した三つの異なる社会階層に属する人々を描いた個々のストーリーからは、古代エジプト社会の構造を確認できるだけではなく、彼らが暮らした社会のなかの慣習や習慣がそこかしこで垣間見られるのだ。それは年長者を敬うという慣習にもとづいた兄と弟との上下関係であったり、たとえ異国で成功したとしても最後は故郷で死にたいと願うエジプト人の感情であったり、食べ物や飲み物、あるいは多種多様な魚や植物に関する情報であったりする。これらの点は極めて重要だ。なぜなら時代の流れのなかで起こった歴史的事実は揺るぐことなき歴史的事実として目に見える形で編年表のなかに残るものだが、その時代時代で生きた人々の心模様や思い、そして後世に与えた影響などはみえづらいものだからだ。しかし、本書のなかで取り上げたストーリーでは、登場人物の感情が読み取れ、その背後の社会状況も透けてみえるのである。たとえフィクション（あるいは一部がフィクション）だとしても、書き手の持つ社会的時代的バックグラウンドは反映されるものである。平安時代に書かれたものには貴族たちを中心とした平安時代の様子が描かれるし、アメリカ開拓時代に書かれたものにはその当時の様子が隠しても隠し切れずに描かれてしまうものなのである。それが男女間の秘め事だとしても、忌むべき民族差別的行為だとしてもである。

日本の物語は、「昔々あるところにおじいさんとおばあさんがいました」で始まり、「男の子はたくましく成長し邪悪な存在を倒す」とか、「女の子は美しく育ち天に昇っていく」とかで終わる。つまりストーリーにオチがあるのである。ただこれが古代エジプトの文学作品には当てはまらない（数少ない例外として本書の最後で取り上げた「雄弁な農夫の物語」がある）。古代エジプトでは劇的なオチはそれほど必要ないのではないかとすら感じてしまう。我々の感覚でいうところの「ストーリーが中途半端」でもよいのだ（そもそも書きかけなのかもしれないが……）。また、A氏が書き始めたストーリーを、何年後かあるいは何十年後（あるいは何百年後）かにB氏が継ぎ足した可能性すら考慮に入れるべきなのである。本来二つあった別々のストーリーが、ある時点で一つになったということも十分に考えられる。おそらく本書でも取り上げた「二人兄弟の物語」は、その例に当てはまる。そしてまたこれは有名な「オシリス神話」にもいえることである。ある一つの物語が進化を遂げたといってもよいのかもしれない。そして世代を超えて受け継がれたのだ。

現在でも古代エジプトのストーリーは、メディアのモチーフに使用され続けている。新しい「シヌへの物語」や「セトナ・カエムアス一世とトト神の魔法の書」が小説家や映画の脚本家によって継ぎ足されているはずだ。古代エジプト神話の行きつく先は遠い未来である。マイナーチェンジを繰り返しながらも、語り継がれていく存在こそが古代エジプト神話なのである。だからこそいつ誰が読んでも面白いのである。

あとがき

古代エジプト人たちが残してくれた記録・記述は膨大である。そして日々行われている発掘調査と史資料の研究は、我々に古代から届くさらなる新情報を与え続けている。

なかでも神話や物語には多くの情報が詰め込まれている。実証性が乏しいとか、フィクションだからとかいって、それらをまるで二級の史資料のように扱う方々がいるが、決してそんなことはない。そのなかには歴史的事実が含まれているはずだからである。歴史家ならば、それまでフィクションであると考えられていたものが、ある研究や新しい発見を契機として、ノンフィクションへと昇華する瞬間に立ち会った経験があるであろう。書き手の属する社会の慣習や習慣は、自然とストーリーに組み込まれてしまうものだ。もしそれがほぼフィクションであったとしても、我々は「なぜそれが書かれたのか」、「どうしてその時期に書かれなければならなかったのか」について考えをめぐらせねばならない。その意味で、歴史学にとって神話や物語が現在まで伝わり、我々歴史学を学ぶ者の眼前にあることは幸運であり、奇跡であり、そして無上の喜びなのである。

本書の内容の半分は、二〇一八年度に著者の本務校である駒澤大学において開講された講義科目「西洋史特講Ⅴ」で、受講生たちに話したものがもととなっている。本書で取り上げた未完の大作「ウェンアムン旅行記」の「結末を推測して論じなさい」という問題を試験問題としたことを思い出す。無茶な出題だと学生から不満の声があがると思ったのだが、すこぶる評判がよかったことに驚いた。さすがは全国から歴史好きが集まる駒澤大学歴史学科の学生たちだと思って感心した。

本書の出版は、その本学ＯＢである吉川弘文館編集部の石津輝真さんと松本信道先生の最終講義の会でお目にかかったことがきっかけとなった。吉川弘文館といえば、日本史分野の書籍が有名であったので、まさか古代エジプト史の本を手がけていただけるとは思っていなかったのであるが、「書きたい意思」があることだけは伝えておいたのである。そして本書が仕上がった。石津さんと私を、そして吉川弘文館と古代エジプトとを結びつけてくれた駒澤大学歴史学科に感謝する。

二〇二〇年七月　新型コロナ禍に翻弄される日々のなかで

大城道則

参考文献

井本英一　一九九二『習俗の始原をたずねて』法政大学出版局
内田杉彦　一九八六「古代エジプトの「死者への書簡」における死者」『オリエント』第二九巻第二号、一五～三〇頁
大城道則　二〇〇三『古代エジプト文化の形成と拡散―ナイル世界と東地中海世界―』ミネルヴァ書房
大城道則　二〇〇五「古代エジプト社会における教育について―知識ネットワークの核としての神殿―」『社会科学』第七四号、三～二一頁
大城道則　二〇〇七「原始絵画から読み解く古代エジプト文化―女性・船・来世観―」『駒沢史学』第六九号、七七～一〇二頁
大城道則　二〇〇八「原始絵画から読み解く古代エジプト文化―ヒエラコンポリス第一〇〇号墓の彩色壁画を解析する―」『関西大学西洋史論叢』第一一号、一七～三三頁
大城道則　二〇〇九『ピラミッド以前の古代エジプト文明―王権と文化の揺籃期―』創元社
大城道則　二〇一二『古代エジプト文明―世界史の源流―』講談社
大城道則　二〇一三a「先王朝時代のエジプトにおけるサハラ砂漠からの視角―光は西方からか?―」吉村作治先生古稀記念会論文集編集委員会編『永遠に生きる―吉村作治先生古稀記念会論文集―』中央公論美術出版、二一三～二三八頁

大城道則　二〇一三b「千の神々を持つ王国ヒッタイト」上田耕造、入江幸二、比佐篤、梁川洋子編著『西洋史の歴史を読み解く―人物とテーマでたどる西洋史―』晃洋書房、一〇～一八頁
大城道則　二〇一三c『ツタンカーメン―「悲劇の少年王」の知られざる実像―』中央公論新社
大城道則　二〇一五a「古代エジプト王権の象徴としてのヘビについて―ジェベル・タリフ・ナイフハンドルと自然崇拝―」『駒沢史学』第八四号、三四～五三頁
大城道則　二〇一五b『古代エジプト　死者からの声―ナイルに培われたその死生観―』河出書房新社
大城道則　二〇一五c「カノポス容器にみる古代エジプト人の死生観―ピラミッドの持つ意味について―」東洋英和女学院大学死生学研究所編『死生学年報』リトン、七一～八八頁
大城道則編著　二〇一七『死者はどこへいくのか―死をめぐる人類五〇〇〇年の歴史―』河出書房新社、六五～一〇三頁
大城道則編著　二〇一八『図説古代文字入門』河出書房新社、七～一七・一一三～一二三頁
加藤一朗　一九六五『古代エジプト王国―偉大な王たちの神秘の世界―』講談社
黒田基樹　二〇〇六『百姓から見た戦国大名』筑摩書房
小林　慧　二〇一七「カノポス容器にみる副葬品としての特異性」『駒沢史学』第八八号、四三～六九頁
斉藤麻里江　二〇一九「エジプト古王国時代におけるピラミッド都市について―ギザ台地の居住区へイト・エル＝グラブ遺跡の検証を中心に―」『古代文化』第七〇巻第四号、五五五～五六四頁
ショー、イアン&ポール・ニコルソン著、内田杉彦訳　一九九七『大英博物館古代エジプト百科事典』

原書房
杉勇・尾形禎亮訳　二〇一六年『エジプト神話集成』筑摩書房
ストロウハル、エヴェン著、内田杉彦訳　一九九六a『古代エジプト生活誌』上巻、原書房
ストロウハル、エヴェン著、内田杉彦訳　一九九六b『古代エジプト生活誌』下巻、原書房
高橋亮介　二〇〇六「ローマ期エジプトにおける兄弟姉妹婚—帝国支配のもたらした地方慣習の隆盛—」『史学雑誌』第一一五巻第二号、一六九～一九三頁
立石久雄　一九九〇『シュメールと古代エジプトの文学』西田書店
デイヴィッド、ロザリー著、近藤二郎訳　一九八六『古代エジプト人—その神々と生活—』筑摩書房
ティルズリィ、ジョイス著、杉亜希子訳　二〇〇六『古代エジプトのおはなし』文芸社
デビッドソン、バジル著、貫名美隆訳　一九八七『アフリカの過去』理論社
根井　浄　二〇〇八a『観音浄土に船出した人びと—熊野と補陀落渡海—』吉川弘文館
根井　浄　二〇〇八b『改訂補陀落渡海史』法蔵館
ハート、ジョージ著、阿野令子訳　一九九四『エジプトの神話』丸善株式会社
ヘロドトス著、松平千秋訳　一九七一『歴史』上、岩波書店
宮本常一　二〇一五『イザベラ・バードの旅—『日本奥地紀行』を読む—』講談社
矢島文夫編　一九八一『古代エジプトの物語』社会思想社
歴史学研究会編　二〇一二『世界史史料一—古代オリエントと地中海世界—』岩波書店
Bleiberg, E. 2008 *To Live Forever: Egyptian Treasures from the Brooklyn Museum*, Brooklyn Museum in

Association with D. Giles Limited.

Bottigheimer, R. B. 2014 *Magic Tales and Fairy Tale Magic from Ancient Egypt to the Italian Renaissance*, Palgrave Macmillan.

Donovan, L. and McCorquodale, K. (eds.) 2000 *Egyptian Art: Principles and Themes in Wall Scenes*, Prism, PL.3.2

Erman, A. (ed.) 1978 *The Ancient Egyptians: A Sourcebook of Their Writings*, Peter Smith Pub Inc.

Friedman, F. D. (ed.) 1999 *Gifts of the Nile: Ancient Egyptian Faience*, Thames and Hudson.

Gardiner, A. H. 1938a The Mansion of Life and the Master of the King's Largess, *Journal of Egyptian Archaeology* 24, pp.83-91.

Gardiner, A. H. 1938b The House of Life, *Journal of Egyptian Archaeology* 24, pp.157-179.

Gowers, E. 2011 Tree and Family Trees in the Aeneid, *Classical Antiquity* 30-1, 87-118.

Harris, G. and Pemberton, D. 2005 *Illustrated Encyclopaedia of Ancient Egypt*, The British Museum Press.

Janssen, R. M. and Janssen, J. J. 1990 *Growing Up in Ancient Egypt*, The Rubicon Press.

Kemp, B. 2012 *The City of Akhenaten and Nefertiti: Amarna and Its People*, Thames & Hudson.

Lichtheim, M. 1975 *Ancient Egyptian Literature Vol.I The Old and Middle Kingdoms*, University of California Press.

Müller, H. W. and Thiem, E. 1998 *The Royal Gold of Ancient Egypt*, I. B. Tauris.

Nardo, D. 2013 *Egyptian Mythology*, Lucent Books.

Ohshiro, M. 2009 Decoding the Wooden Label of King Djer, *Göttinger Miszellen* 221, pp.57-64.

Petrie, W. M. F. 2013 *Egyptian Tales: translated from the papyri Vol.1*, Cambridge University Press.

Petrie, W. M. F. 2013 *Egyptian Tales: translated from the papyri Vol.2*, Cambridge University Press.

Roth, A. M. 1993 Fingers, Stars, and 'the Opening of the Mouth': The Nature and Function of the ntrwj-Blades, *Journal of Egyptian Archaeology* 79, 57-79.

Schulz, R. and Seidel, M. 2010 *Egypt: The World of the Pharaohs*, h.f. Ullmann.

Shaw, I. (ed.) 2000 *The Oxford History of Ancient Egypt*, Oxford Univesity Press.

Simpson, W. K. (ed.) 2003 *The Literature of Ancient Egypt: An Anthology of Stories, Instructions, Stelae, Autobiographies, and Poetry*, Yale University Press.

Stevenson, A. 2016 The Egyptian Predynastic and State Formation, *Journal of Archaeological Research* 24, 421-468.

Strouhal, E. 1996 *Life of the Ancient Egyptians*, The American University in Cairo Press.

Watterson, B. 1996 *Gods of Ancient Egypt*, Sutton Publishing.

Williams, R. J. 1972 Scribal Training in Ancient Egypt, *Journal of the American Oriental Society* 92-2, pp.220-221.

Wengrow, D. 2006 *The Archaeology of Early Egypt: Social Transformations in North-East Africa, 10,000 to 2650 BC*, Cambridge University Press.

著者紹介

一九六八年、兵庫県に生まれる
一九九二年、関西大学文学部卒業
一九九七年、バーミンガム大学大学院古代史・考古学学科修士課程修了
一九九九年、関西大学大学院文学研究科博士課程後期課程修了
現在、駒澤大学文学部教授、博士（文学）

〔主要著書〕

『古代エジプト文明—世界史の源流—』（講談社、二〇一二年）
『図説ピラミッドの歴史』（河出書房新社、二〇一四年）
『古代エジプト　死者からの声—ナイルに培われたその死生観—』（河出書房新社、二〇一五年）

歴史文化ライブラリー
517

神々と人間のエジプト神話
魔法・冒険・復讐の物語

二〇二一年（令和三）二月一日　第一刷発行

著　者　大《おお》城《しろ》道《みち》則《のり》

発行者　吉川道郎

発行所　株式会社 吉川弘文館
東京都文京区本郷七丁目二番八号
郵便番号一一三—〇〇三三
電話〇三—三八一三—九一五一〈代表〉
振替口座〇〇一〇〇—五—二四四
http://www.yoshikawa-k.co.jp/

印刷＝株式会社 平文社
製本＝ナショナル製本協同組合
装幀＝清水良洋・高橋奈々

ISBN978-4-642-05917-6

歴史文化ライブラリー

1996. 10

刊行のことば

現今の日本および国際社会は、さまざまな面で大変動の時代を迎えておりますが、近づきつつある二十一世紀は人類史の到達点として、物質的な繁栄のみならず文化や自然・社会環境を謳歌できる平和な社会でなければなりません。しかしながら高度成長・技術革新にともなう急激な変貌は「自己本位な刹那主義」の風潮を生みだし、先人が築いてきた歴史や文化に学ぶ余裕もなく、いまだ明るい人類の将来が展望できていないようにも見えます。このような状況を踏まえ、よりよい二十一世紀社会を築くために、人類誕生から現在に至る「人類の遺産・教訓」としてのあらゆる分野の歴史と文化を「歴史文化ライブラリー」として刊行することといたしました。

小社は、安政四年（一八五七）の創業以来、一貫して歴史学を中心とした専門出版社として書籍を刊行しつづけてまいりました。その経験を生かし、学問成果にもとづいた本叢書を刊行し社会的要請に応えて行きたいと考えております。

現代は、マスメディアが発達した高度情報化社会といわれますが、私どもはあくまでも活字を主体とした出版こそ、ものの本質を考える基礎と信じ、本叢書をとおして社会に訴えてまいりたいと思います。これから生まれでる一冊一冊が、それぞれの読者を知的冒険の旅へと誘い、希望に満ちた人類の未来を構築する糧となれば幸いです。

吉川弘文館

歴史文化ライブラリー

歴史文化ライブラリー

中世史

歴史文化ライブラリー

歴史文化ライブラリー

- 徳川家康と武田氏 信玄・勝頼との十四年戦争 ——本多隆成
- 戦国大名毛利家の英才教育 元就・隆元・輝元と妻たち ——五條小枝子
- 戦国大名の兵粮事情 ——久保健一郎
- 戦乱の中の情報伝達 使者がつなぐ中世京都と在地 ——酒井紀美
- 戦国時代の足利将軍 ——山田康弘
- 室町将軍の御台所 日野康子・重子・富子 ——田端泰子
- 名前と権力の中世史 室町将軍の朝廷戦略 ——水野智之
- 戦国貴族の生き残り戦略 ——岡野友彦
- 鉄砲と戦国合戦 ——宇田川武久
- 検証 長篠合戦 ——平山 優
- 織田信長と戦国の村 天下統一のための近江支配 ——深谷幸治
- 検証 本能寺の変 ——谷口克広
- 明智光秀の生涯 ——諏訪勝則
- 加藤清正 朝鮮侵略の実像 ——北島万次
- 落日の豊臣政権 秀吉の憂鬱、不穏な京都 ——河内将芳
- 豊臣秀頼 ——福田千鶴
- ザビエルの同伴者 アンジロー 戦国時代の国際人 ——岸野 久
- イエズス会がみた「日本国王」 天皇・将軍・信長・秀吉 ——松本和也
- 海賊たちの中世 ——金谷匡人
- アジアのなかの戦国大名 西国の群雄と経営戦略 ——鹿毛敏夫
- 琉球王国と戦国大名 島津侵入までの半世紀 ——黒嶋 敏
- 天下統一とシルバーラッシュ 銀と戦国の流通革命 ——本多博之

近世史

- 細川忠利 ポスト戦国世代の国づくり ——稲葉継陽
- 江戸の政権交代と武家屋敷 ——岩本 馨
- 江戸の町奉行 ——南 和男
- 江戸御留守居役 近世の外交官 ——笠谷和比古
- 大名行列を解剖する 江戸の人材派遣 ——根岸茂夫
- 江戸大名の本家と分家 ——野口朋隆
- 〈甲賀忍者〉の実像 ——藤田和敏
- 江戸の武家名鑑 武鑑と出版競争 ——藤實久美子
- 江戸の出版統制 弾圧に翻弄された戯作者たち ——佐藤至子
- 武士という身分 城下町萩の大名家臣団 ——森下 徹
- 旗本・御家人の就職事情 ——山本英貴
- 武士の奉公 本音と建前 江戸時代の出世と処世術 ——高野信治
- 宮中のシェフ、鶴をさばく 江戸時代の朝廷と庖丁道 ——西村慎太郎
- 馬と人の江戸時代 ——兼平賢治
- 犬と鷹の江戸時代 〈犬公方〉綱吉と〈鷹将軍〉吉宗 ——根崎光男

歴史文化ライブラリー

紀州藩主 徳川吉宗 明君伝説・宝永地震・隠密御用――藤本清二郎
近世の巨大地震――矢田俊文
江戸時代の孝行者「孝義録」の世界――菅野則子
死者のはたらきと江戸時代 遺訓・家訓・辞世――深谷克己
近世の百姓世界――白川部達夫
闘いを記憶する百姓たち 江戸時代の裁判学習帳――八鍬友広
江戸時代の瀬戸内海交通――倉地克直
江戸のパスポート 旅の不安はどう解消されたか――柴田　純
〈身売り〉の日本史 人身売買から年季奉公へ――下重　清
江戸の捨て子たち その肖像――沢山美果子
江戸の乳と子ども いのちをつなぐ――沢山美果子
エトロフ島 つくられた国境――菊池勇夫
江戸時代の医師修業 学問・学統・遊学――海原　亮
江戸幕府の日本地図 国絵図・城絵図・日本図――川村博忠
江戸の地図屋さん 販売競争の舞台裏――俵　元昭
踏絵を踏んだキリシタン――安高啓明
墓石が語る江戸時代 大名・庶民の墓事情――関根達人
石に刻まれた江戸時代 無縁・遊女・北前船――関根達人
近世の仏教 華ひらく思想と文化――末木文美士
松陰の本棚 幕末志士たちの読書ネットワーク――桐原健真
龍馬暗殺――桐野作人
日本の開国と多摩 生糸・農兵・武州一揆――藤田　覚
幕末の世直し 万人の戦争状態――須田　努
幕末の海軍 明治維新への航跡――神谷大介
海辺を行き交うお触れ書き 浦触の語る徳川情報網――水本邦彦
江戸の海外情報ネットワーク――岩下哲典

近・現代史

江戸無血開城 本当の功労者は誰か?――岩下哲典
五稜郭の戦い 蝦夷地の終焉――菊池勇夫
水戸学と明治維新――吉田俊純
大久保利通と明治維新――佐々木　克
刀の明治維新「帯刀」は武士の特権か?――尾脇秀和
維新政府の密偵たち 御庭番と警察のあいだ――大日方純夫
京都に残った公家たち 華族の近代――刑部芳則
文明開化 失われた風俗――百瀬　響
西南戦争 戦争の大義と動員される民衆――猪飼隆明
大久保利通と東アジア 国家構想と外交戦略――勝田政治
明治の政治家と信仰 クリスチャン民権家の肖像――小川原正道

歴史文化ライブラリー

文明開化と差別——今西 一
大元帥と皇族軍人 明治編——小田部雄次
皇居の近現代史 開かれた皇室像の誕生——河西秀哉
日本赤十字社と皇室 博愛か報国か——小菅信子
神都物語 伊勢神宮の近現代史——ジョン・ブリーン
陸軍参謀 川上操六 日清戦争の作戦指導者——大澤博明
日清・日露戦争と写真報道 戦場を駆ける写真師たち——井上祐子
公園の誕生——小野良平
啄木短歌に時代を読む——近藤典彦
鉄道忌避伝説の謎 汽車が来た町、来なかった町——青木栄一
軍隊を誘致せよ 陸海軍と都市形成——松下孝昭
お米と食の近代史——大豆生田 稔
日本酒の近現代史 酒造地の誕生——鈴木芳行
失業と救済の近代史——加瀬和俊
近代日本の就職難物語 「高等遊民」になるけれど——町田祐一
選挙違反の歴史 ウラからみた日本の一〇〇年——季武嘉也
海外観光旅行の誕生——有山輝雄
関東大震災と戒厳令——松尾章一
難民たちの日中戦争 戦火に奪われた日常——芳井研一
昭和天皇とスポーツ 〈玉体〉の近代史——坂上康博
大元帥と皇族軍人 大正・昭和編——小田部雄次
昭和陸軍と政治 「統帥権」というジレンマ——高杉洋平
海軍将校たちの太平洋戦争——手嶋泰伸
松岡洋右と日米開戦 大衆政治家の功と罪——服部 聡
地図から消えた島々 幻の日本領と南洋探検家たち——長谷川亮一
自由主義は戦争を止められるのか 芦田均・清沢洌・石橋湛山——上田美和
モダン・ライフと戦争 スクリーンのなかの女性たち——宜野座菜央見
彫刻と戦争の近代——平瀬礼太
軍用機の誕生 日本軍の航空戦略と技術開発——水沢 光
首都防空網と〈空都〉多摩——鈴木芳行
帝都防衛 戦争・災害・テロ——土田宏成
陸軍登戸研究所と謀略戦 科学者たちの戦争——渡辺賢二
帝国日本の技術者たち——沢井 実
〈いのち〉をめぐる近代史 堕胎から人工妊娠中絶へ——岩田重則
強制された健康 日本ファシズム下の生命と身体——藤野 豊
戦争とハンセン病——藤野 豊
「自由の国」の報道統制 大戦下の日系ジャーナリズム——水野剛也
海外戦没者の戦後史 遺骨帰還と慰霊——浜井和史

歴史文化ライブラリー

学徒出陣 戦争と青春――蜷川壽惠
特攻隊の〈故郷〉 霞ヶ浦・筑波山・北浦・鹿島灘――伊藤純郎
沖縄戦 強制された「集団自決」――林 博史
陸軍中野学校と沖縄戦 知られざる少年兵「護郷隊」――川満 彰
沖縄からの本土爆撃 米軍出撃基地の誕生――林 博史
原爆ドーム 物産陳列館から広島平和記念碑へ――頴原澄子
米軍基地の歴史 世界ネットワークの形成と展開――林 博史
沖縄米軍基地全史――野添文彬
沖縄 占領下を生き抜く 軍用地・通貨・毒ガス――川平成雄
考証 東京裁判 戦争と戦後を読み解く――宇田川幸大
昭和天皇退位論のゆくえ――冨永 望
ふたつの憲法と日本人 戦前・戦後の憲法観――川口暁弘
戦後文学のみた〈高度成長〉――伊藤正直
首都改造 東京の再開発と都市政治――源川真希
鯨を生きる 鯨人の個人史・鯨食の同時代史――赤嶺 淳
文化財報道と新聞記者――中村俊介

文化史・誌

落書きに歴史をよむ――三上喜孝
霊場の思想――佐藤弘夫
跋扈《ばっこ》する怨霊 祟りと鎮魂の日本史――山田雄司
将門伝説の歴史――樋口州男
藤原鎌足、時空をかける 変身と再生の日本史――黒田 智
変貌する清盛 『平家物語』を書きかえる――樋口大祐
空海の文字とことば――岸田知子
日本禅宗の伝説と歴史――中尾良信
殺生と往生のあいだ 中世仏教と民衆生活――苅米一志
浦島太郎の日本史――三舟隆之
〈ものまね〉の歴史 仏教・笑い・芸能――石井公成
戒名のはなし――藤井正雄
墓と葬送のゆくえ――森 謙二
運 慶 その人と芸術――副島弘道
ほとけを造った人びと 止利仏師から運慶・快慶まで――根立研介
祇園祭 祝祭の京都――川嶋将生
洛中洛外図屛風 つくられた〈京都〉を読み解く――小島道裕
化粧の日本史 美意識の移りかわり――山村博美
乱舞の中世 白拍子・乱拍子・猿楽――沖本幸子
神社の本殿 建築にみる神の空間――三浦正幸
古建築を復元する 過去と現在の架け橋――海野 聡

歴史文化ライブラリー

大工道具の文明史 日本・中国・ヨーロッパの建築技術――渡邉　晶
苗字と名前の歴史――坂田　聡
日本人の姓・苗字・名前 人名に刻まれた歴史――大藤　修
大相撲行司の世界――根間弘海
日本料理の歴史――熊倉功夫
日本の味　醬油の歴史――林　玲子・天野雅敏 編
中世の喫茶文化 儀礼の茶から「茶の湯」へ――橋本素子
香道の文化史――本間洋子
天皇の音楽史 古代・中世の帝王学――豊永聡美
流行歌の誕生 「カチューシャの唄」とその時代――永嶺重敏
話し言葉の日本史――野村剛史
柳宗悦と民藝の現在――松井　健
遊牧という文化 移動の生活戦略――松井　健
マザーグースと日本人――鷲津名都江
たたら製鉄の歴史――角田徳幸
金属が語る日本史 銭貨・日本刀・鉄炮――齋藤　努
書物と権力 中世文化の政治学――前田雅之
書物に魅せられた英国人 フランク・ホーレーと日本文化――横山　學
災害復興の日本史――安田政彦

民俗学・人類学

日本人の誕生 人類はるかなる旅――埴原和郎
倭人への道 人骨の謎を追って――中橋孝博
神々の原像 祭祀の小宇宙――新谷尚紀
役行者と修験道の歴史――宮家　準
幽霊　近世都市が生み出した化物――髙岡弘幸
雑穀を旅する――増田昭子
川は誰のものか 人と環境の民俗学――菅　豊
名づけの民俗学 地名・人名はどう命名されてきたか――田中宣一
番と衆 日本社会の東と西――福田アジオ
記憶すること・記録すること 聞き書き論ノート――香月洋一郎
番茶と日本人――中村羊一郎
柳田国男 その生涯と思想――川田　稔

各冊一七〇〇円～二〇〇〇円（いずれも税別）
▽残部僅少の書目も掲載してあります。品切の節はご容赦下さい。
▽品切書目の一部について、オンデマンド版の販売も開始しました。
詳しくは出版図書目録、または小社ホームページをご覧下さい。